J'ARRÊTE DÉFINITIVEMENT LA CIGARETTE

AVEC LA MÉTHODE
ACCEPTATION PROGRAMMÉE®

Santé, bien-être, vie quotidienne, cuisine, parentalité, psychologie, développement personnel, nature, loisirs et plus encore…
Suivez-nous sur Instagram : **@albinmichel_et_moi**

Éditions Albin Michel
22, rue Huyghens, 75014 Paris
www.albin-michel.fr

CAROLINE COSPAIN

J'ARRÊTE DÉFINITIVEMENT LA CIGARETTE

AVEC LA MÉTHODE
ACCEPTATION PROGRAMMÉE®

Albin Michel

SOMMAIRE

INTRODUCTION

MON HISTOIRE

Si cela fait un moment que vous pensez à arrêter de fumer mais que vous n'arrivez pas à passer à l'acte, ce livre est fait pour vous !

Arrêter est un véritable challenge, l'équivalent pour certains de celui de gravir le mont Everest ! À première vue, redevenir non fumeuse ou non-fumeur et le rester n'est pas chose facile. Pour beaucoup d'entre vous, les tentatives d'arrêt ont été nombreuses, peu concluantes, voire décourageantes. À chaque fois, les mêmes questions vous reviennent en tête. En ai-je vraiment envie ? Suis-je prêt(e) ? Est-ce le bon moment pour moi ? Vais-je y arriver ? Vais-je apprécier ma vie sans la cigarette ? Vais-je réussir à faire face aux aléas de la vie sans elle ? Autant de questions qui freinent votre passage à l'acte et vous font repousser l'échéance de l'arrêt.

Rassurez-vous, tout ce que vous vivez, je l'ai vécu aussi. Comme vous, j'ai été une fumeuse invétérée, et cette cigarette m'a accompagnée pendant plus de treize ans. Toutes ces questions existentielles, je me les suis posées avant vous, et il m'a fallu un temps considérable, ainsi qu'une bonne dose de compréhension (et de patience !), pour être en mesure de dire au revoir à cette amie en papier.

À chaque tentative d'arrêt du tabac, je me retrouvais dans une douleur existentielle digne des grands philosophes. Vous savez, cette douleur qui apparaît lorsque la cigarette n'est plus là pour vous réconforter. J'avais des croyances limitantes : « je ne peux pas vivre sans elle », « je n'y arrive pas ». Mais plus le temps passait, moins j'étais en phase avec moi-même. Alors, comme tout le monde, j'ai cherché LA solution magique pour arrêter sans trop de souffrance. J'ai essayé plusieurs approches, mais sans succès à long terme.

Je vais vous dévoiler mon histoire et partager mon parcours pour que vous puissiez vous en imprégner au fil de votre lecture. C'est à travers celui-ci que réside la clé de l'aventure que vous vous apprêtez à vivre. Je suis là pour vous guider avec sincérité vers la victoire finale : dire fièrement « je suis non-fumeuse ! » ou « je suis non-fumeur ! », et que ces mots résonnent telle une évidence pour vous !

CE LIVRE : UNE EXPÉRIENCE HYPNOTIQUE

Il y a des lectures que nous traversons, et puis il y a celles qui nous traversent. Celles qui ne se contentent pas de parler à notre tête, mais qui viennent toucher quelque chose de plus profond. Quelque chose qui attendait d'être réveillé. Ce livre est de celles-là.

Je ne vous propose pas un simple guide pour arrêter de fumer. Je vous invite à vivre une expérience hypnotique, pas l'hypnose de spectacle, celle qui fait sourire ou qui impressionne. Non, l'hypnose naturelle. Celle qui se glisse dans nos vies sans bruit : quand un film vous fait oublier le temps, quand une chanson vous fait pleurer sans prévenir ou quand un regard, une idée ou une vérité viennent ébranler ce que vous pensiez immuable. Cette forme d'hypnose où votre esprit conscient s'efface un instant… et où quelque chose de plus profond s'active. Le changement durable naît toujours d'une émotion, pas seulement d'une décision. C'est pourquoi ce livre a été conçu pour faire davantage que vous informer : il va vous faire ressentir, réfléchir, vous surprendre et vous transformer.

Si vous avez fumé jusqu'ici, c'est parce que vous avez déjà été influencé(e) – consciemment ou non – par des suggestions : celles de la publicité, de la société, ou même de votre propre dialogue intérieur. Hypnotisé(e) par des habitudes, par des idées, par des histoires qu'on vous a racontées… ou que vous vous êtes racontées. Ce livre propose de remplacer ces anciennes suggestions par de nouvelles, d'autres histoires. Celles qui ouvrent les portes d'un changement durable et qui réveillent l'envie de liberté et non plus la peur du manque.

Vous n'allez pas simplement arrêter de fumer. Vous allez entreprendre un voyage intérieur. Chaque page a été conçue pour vous toucher, amener la réflexion et vous absorber. Vous y trouverez des exercices et des défis simples mais puissants. Comme un dialogue entre votre conscient et votre inconscient. Comme un chemin qui ne vous demandera pas de lutter contre vous-même… mais de vous retrouver. Et surtout, de découvrir comment construire de nouveaux comportements, en accord avec qui vous êtes aujourd'hui. Comme une forme moderne et accessible d'autohypnose. Un moyen de dialoguer avec votre inconscient pour qu'il devienne votre allié dans cette transformation.

Ce livre est le début d'un voyage. Un voyage vers la partie de vous qui sait déjà comment se libérer. Si vous le laissez faire, il ne se lira pas seulement avec les yeux, il se vivra. Préparez-vous à une lecture captivante, enrichissante et efficace !

MES TENTATIVES, MES ILLUSIONS, **MES DÉSILLUSIONS**

J'avais tout essayé : chaque méthode, chaque technique, chaque compromis… Mais à chaque fois la cigarette gagnait. Je croyais alors que la volonté suffirait, mais elle n'a pas suffi. Je croyais que remplacer la cigarette par autre chose fonctionnerait, mais ça n'a fait que masquer le problème. Je croyais que le bon moment finirait par arriver, mais il n'est jamais venu. Et c'est là que la vraie question m'a frappée : pourquoi certains y arrivent et pas moi ?
À partir de là, j'ai décidé de mener mon propre parcours, d'expérimenter, d'essayer, de comprendre. Et c'est ce cheminement que je vais vous raconter maintenant.

Rentrons un peu plus dans le vif du sujet. Il est temps d'aborder plus en détail mes différentes expériences, et je suis certaine que vous allez vous reconnaître !
J'ai d'abord décidé de m'attaquer à ma dépendance à la cigarette en arrêtant tout simplement d'en acheter. Cela semblait être une bonne idée sur le papier. Cependant, je suis rapidement devenue la « taxeuse professionnelle » de mon groupe d'amis. À chaque pause, chaque sortie, j'étais là, prête à demander une cigarette comme si c'était un sport national. Mes amis fumeurs ont bien malgré eux décroché le job de fournisseurs officiels. C'était une situation à la fois lourde pour eux et pour moi, car je me sentais vraiment coupable. Alors oui, je n'achetais plus mes propres cigarettes au quotidien, mais il m'arrivait souvent d'acheter des paquets à mes amis.

Je me suis retrouvée piégée dans un paradoxe absurde : je voulais arrêter, mais je continuais à fumer grâce aux autres. Une sorte d'autosabotage bien orchestré.

Et vous, avez-vous déjà tenté de limiter votre consommation pour finalement trouver une autre façon de fumer malgré tout ?

Voyant que la limitation ne fonctionnait pas, j'ai tenté une autre approche. Bien sûr, comme tout le monde, j'ai également tenté de résister seule, en mode super-héroïne. Mais au bout de quelques jours, mon cerveau me persuadait que me récompenser avec une cigarette était la meilleure façon de célébrer mes « efforts héroïques ». Et honnêtement, après tant d'efforts, je méritais bien une récompense, non ? Mais cette récompense m'a ramenée au point de départ, encore et encore. À ce moment-là, je me suis demandé : comment peut-on lutter contre quelque chose tout en le désirant encore autant ?

Ne pouvant plus compter sur la simple volonté, je me suis tournée vers les solutions médicales. J'en suis venue aux patchs, pensant avoir trouvé des alliés sérieux. Mais ils ont transformé mes nuits en films d'horreur, m'ont donné des irritations cutanées et ont fait de moi une candidate aux jeux Olympiques de la tachycardie. Une nuit en particulier, je me souviens m'être réveillée en sueur, le cœur battant la chamade, à la limite de la crise cardiaque.
Alors que j'étais allongée dans mon lit, en essayant de me calmer, une pensée étrange m'a traversé l'esprit : et si ce n'était pas la cigarette qui me détruisait, mais la tentative de l'arrêter ?

Après l'échec des patchs, je me suis dirigée vers ce que beaucoup considèrent comme la solution miracle : l'hypnose. La première séance s'est conclue par une cigarette allumée juste après avoir quitté le cabinet. J'étais venue avec l'envie d'arrêter, mais honnêtement mes convictions n'étaient pas très solides. Je comptais sur l'hypnose pour faire le plus gros du travail, comme par magie. Pendant la séance, allongée sur un fauteuil confortable, les yeux clos, j'écoutais la douce voix de l'hypnothérapeute qui me plongeait dans un état de relaxation profonde. Il m'envoyait des images négatives de la cigarette, mais elles ne résonnaient pas en moi. Si je ne ressentais pas d'émotion en les écoutant, comment pouvaient-elles provoquer un changement en moi ? Résultat : je suis sortie, et j'ai fumé. Pour moi, l'hypnose n'avait pas marché. Toutefois, peut-être que l'hypnothérapeute n'était pas suffisamment compétent... après tout, c'est possible !

Deux ans plus tard, j'ai décidé de donner une deuxième chance à l'hypnose. Cette fois-ci, j'étais un peu plus motivée et déterminée à découvrir si un autre hypnothérapeute pourrait faire la différence. La deuxième séance fut similaire à la première : une voix apaisante, une relaxation profonde, mais sans l'étincelle de transformation que j'espérais ! Une nouvelle fois, je me suis retrouvée avec une cigarette à la main deux jours après la séance.

À ce moment-là, je savais que l'hypnose fonctionnait. Après tout, cette discipline était devenue mon métier entre-temps ! J'imagine déjà vos gros yeux me fixer : « Comment ça, c'était déjà ton métier Caro ? Tu fumais alors que tu étais déjà hypnothérapeute ? » Vous connaissez l'adage : « Les cordonniers sont souvent les plus mal chaussés ! »
Eh oui, je l'admets, j'étais moi-même hypnothérapeute à l'époque de cette séance. En toute franchise, je ne voulais pas m'attaquer à l'arrêt du tabac en cabinet, je ne me sentais pas légitime et je n'aimais pas cette thématique. À vrai dire, je refusais même les demandes sur ce sujet à l'époque !

Vous vous doutez bien qu'après cette deuxième séance, les doutes quant à l'efficacité de cette méthode se renforçaient, consolidant ainsi ma décision de ne pas vouloir guider mes clients dans l'arrêt du tabac. Ironique, non ? Surtout quand on sait que ce sujet me passionne depuis plus de dix ans !

Toutes ces tentatives ont ébranlé mon estime de moi, au point de me faire croire que j'étais destinée à être une fumeuse à vie, avec tous les risques et désagréments que cela impliquait. J'avais cette pensée persistante qui me hantait : pourquoi certains y arrivent et pas moi ? Chaque tentative échouée me laissait un peu plus vide. Chaque échec renforçait cette idée : je suis coincée, prisonnière d'un cycle sans fin. Pourtant, chaque essai m'a apporté des leçons précieuses et surtout m'a encouragée à me questionner : qu'est-ce qui ne marche pas chez moi ? En faisant le bilan de tous ces apprentissages, j'ai compris quelque chose d'important : la clé du succès réside dans un engagement personnel profond ainsi qu'un vrai changement de regard sur la cigarette.

LA RÉVÉLATION

Vous connaissez ce moment « eurêka ! » ? Il s'est manifesté chez moi devant mon miroir, un matin comme les autres. Je me regardais dans celui-ci, fatiguée et déçue de moi-même après une énième tentative ratée. Soudain, j'ai eu une prise de conscience : ce n'était pas une question de méthode, mais de décision personnelle. En réfléchissant à mes précédentes expériences d'arrêt, j'ai compris que le point commun de mes échecs était le manque d'engagement véritable. J'ai compris qu'il n'existait pas de solution miracle, pas de baguette magique ni de tour de passe-passe. La véritable clé était mon propre engagement.

J'en avais vraiment assez de cette fichue clope ! Je ressentais cette douleur et ce ras-le-bol de la cigarette dans ma vie. Cela a éveillé en moi une force intérieure grandissante au fur et à mesure de mon envie de m'en séparer. Plus cette douleur était forte et plus quelque chose de différent se jouait en moi : l'idée d'être convaincue que je faisais le bon choix en arrêtant. J'étais alors prête à m'engager envers moi-même comme je ne l'avais jamais fait auparavant. À partir de ce moment, ma décision de me débarrasser une bonne fois pour toutes de la cigarette était prise. Cet engagement s'est avéré payant, car arrêter de fumer s'est révélé bien plus facile que je ne l'avais imaginé.

J'ai relancé mon processus d'arrêt, mais cette fois-ci avec un tout autre état d'esprit et un « non » plus affirmé envers cette cigarette. J'avais commencé à m'intéresser davantage au sujet et, grâce à mon travail de prise de conscience et d'hypnose, j'ai pu dire « stop ! »
Ce fut le début d'une nouvelle vie sans tabac : je me sentais mieux, alignée avec moi-même, avec davantage de souffle et de tranquillité de l'esprit... Bref, une libération !

Pendant un an, je suis restée non-fumeuse. Mais cet arrêt, aussi solide qu'il me paraissait, ne m'a pas empêchée de rechuter. Un jour, sans que je m'y attende vraiment, la cigarette est revenue dans ma vie. Ce n'était pas un simple écart, c'était le signe qu'il me manquait encore quelque chose. Alors, au lieu de me flageller, je me suis posé la vraie question : pourquoi ai-je recommencé ? Qu'est-ce que je n'avais pas compris ? Que devais-je décider à nouveau pour que cela ne se reproduise plus ? C'est cette rechute, douloureuse mais précieuse, qui m'a poussée à creuser plus loin, à aller au cœur du problème. C'est de cette remise en question qu'est née la méthode Acceptation Programmée® : un processus qui va au-delà de l'arrêt momentané et qui neutralise, en profondeur, les schémas qui nous ramènent toujours à la cigarette.

Se découvrir capable de s'engager profondément envers soi-même est une étape cruciale. Cette prise de conscience vous permettra de voir que la clé réside en vous.

MA MÉTHODE ACCEPTATION PROGRAMMÉE®

C'est alors que l'idée m'est venue d'explorer les méandres de la psychologie du fumeur. Mon objectif ? Aider les fumeurs à faire le grand saut vers le monde des non-fumeurs. Après des années de recherche, de développement et de tests, la méthode Acceptation Programmée® a vu le jour. Il s'agit d'une méthode performante, une fusion d'outils venant des neurosciences, du coaching et de l'hypnose. Elle mobilise vos ressources pour susciter le changement en vous. Aujourd'hui, je suis hypnothérapeute, et ça fait plus de quinze ans que j'accompagne des milliers de personnes qui veulent dire adieu à la cigarette. Mon souhait ? Vous aider à vivre une libération en douceur et en toute confiance pour enfin dire au revoir au tabac de façon définitive. Mon objectif est que vous puissiez dire avec fierté et joie : « Je suis une non-fumeuse ! » ou « Je suis un non-fumeur ! » Et pour rendre ce moment encore plus triomphant, pourquoi ne pas envisager d'ajouter un petit air de victoire façon musique de film épique en fond sonore ?

QUE SIGNIFIE ACCEPTATION PROGRAMMÉE® ?

Acceptation : elle constitue le socle essentiel pour démarrer un véritable changement. Dans le contexte de la psychologie, elle est cruciale pour le processus de transformation, en particulier lorsqu'il s'agit d'arrêter de fumer. Accepter vos pensées et émotions liées à la dépendance sans jugement vous permet de cesser de lutter contre elles. Cette acceptation aide à réduire la résistance et le stress, créant ainsi un espace pour une approche plus sereine du changement. En accueillant les sensations et les pensées sans vous laisser submerger par elles, vous renforcez votre résilience, une qualité clé pour surmonter les défis. L'acceptation vous aide à maintenir votre cap, même face aux tentations ou aux moments de faiblesse, en vous permettant de rester centré(e) sur votre objectif et vos valeurs profondes, comme la santé et le bien-être. Cette approche favorise un état d'esprit calme et résilient, essentiel pour réussir à arrêter de fumer de manière durable et positive.

Programmée : cette notion dans la méthode de l'Acceptation Programmée® implique un programme conçu pour vous engager activement dans votre transformation, en assurant que chaque aspect de l'arrêt est traité de façon ordonnée et prévisible. Cette stratégie vous aide à construire un changement durable et profond, enraciné dans une nouvelle façon de penser et d'agir face au tabac. Ce processus implique de structurer consciemment votre parcours d'arrêt du tabac pour intégrer pleinement l'acceptation.

En développant ce « programme » d'acceptation, vous mettez en place des changements profonds qui vous aident à accueillir votre nouveau statut. Votre mission ? Transformer l'arrêt du tabac en une série de succès prévisibles et satisfaisants.

La méthode Acceptation Programmée® repose sur une compréhension approfondie de la façon dont le cerveau réagit à l'habitude de fumer. Cela passe forcément par une lecture de vos mécanismes internes et par un réveil réel de l'endormissement dont vous faites preuve depuis des années en tant que fumeuse ou fumeur.

LES TROIS PILIERS FONDAMENTAUX DE LA MÉTHODE : RÉVEILLER, S'ENGAGER, MAÎTRISER

1. Wake up : le réveil et la prise de conscience

Le premier pilier consiste en un *wake up*, réveil nécessaire pour sortir de l'état de « zombi en pilotage automatique » dans lequel vous vous trouvez en tant que fumeuse ou fumeur. Cela implique de prendre conscience de vos habitudes et des automatismes qui dictent votre comportement. C'est un moment d'éveil où vous prenez pleinement conscience de l'emprise que la cigarette a sur votre vie (même si vous le savez déjà en partie !) pour vous permettre de sortir de cette torpeur et cette illusion que représente l'acte de fumer. Cette prise de conscience est cruciale, car elle prépare le terrain pour les étapes suivantes, vous permettant de voir clairement la nécessité de changer. Vous serez peut-être sidéré(e) de comprendre la réalité de ce qui se joue en vous !

2. La prise de décision et l'engagement

Le deuxième pilier est comme un grand plongeon dans la piscine de la décision et de l'engagement ! Une fois que vous avez pleinement compris l'impact du tabac sur votre vie et en comprenez ses mécanismes, il est temps de plonger tête la première et de décider d'arrêter de fumer. Ce n'est pas juste un simple « j'essaierai », mais un vrai « je m'engage totalement ». Cet engagement doit être profond et personnel. Cette étape implique de planifier votre arrêt, en identifiant les déclencheurs et en développant des stratégies pour les gérer. C'est ici que vous établissez un plan d'action clair et que vous vous préparez mentalement et émotionnellement pour dire « stop ! ».

3. La reprogrammation pour un arrêt définitif : l'entraînement et la maîtrise

Le troisième pilier est votre programme d'entraînement de haut niveau pour arrêter définitivement de fumer. Imaginez-vous comme un(e) athlète qui cumule des années de pratique sportive dans votre discipline de fumer. Il est désormais temps de vous entraîner comme cet(te) athlète, mais dans un tout nouveau sport : celui de ne plus fumer. Ce ne sont pas vos muscles qui vont travailler mais votre cerveau grâce à des techniques de pointe comme la programmation neurolinguistique et le coaching. Votre mental sera remodelé pour qu'il neutralise la cigarette et finisse par oublier qu'elle était votre solution miracle. L'objectif est que votre nouvelle identité de non-fumeuse ou non-fumeur soit aussi solide que celle d'un champion olympique ! En ajustant ces schémas neuronaux, la cigarette va s'évanouir comme un sprint final, vous laissant profiter d'une vie sans tabac, sans compromis.

PARTIE I

LES RÈGLES DU JEU POUR UNE LECTURE FRUCTUEUSE

01 AVANT DE COMMENCER : PRÉPAREZ VOTRE ESPRIT ET VOTRE ESPACE

Chère lectrice ou cher lecteur intrépide,
Maintenant que nous avons fait connaissance, il est temps de poser les bases de votre démarche et de faire un premier bilan. Pour embarquer dans cette aventure et rendre votre voyage encore plus fructueux, ouvrez tous vos sens pour vous assurer que vous tirez le meilleur parti de ce livre tout en éprouvant du plaisir.

Voici quelques consignes pour rendre ce voyage aussi fluide que possible :
→ **Pas d'interdits** → Ne vous forcez pas à arrêter de fumer immédiatement. Vous êtes libre de fumer tout au long de la lecture.
→ **La décision vous appartient** → À vous de choisir si vous voulez en parler ou non.
→ **Préparez votre environnement** → Installez-vous dans un coin lecture confortable, prévoyez un carnet de notes...
→ **Restez curieux et ouvert d'esprit** → Ce livre n'est pas comme les autres.

Préparez-vous à explorer de nouveaux territoires mentaux. Laissez les idées se développer progressivement, comme un bon thé qui infuse. Ce livre est conçu pour vous guider pas à pas : prenez le temps d'intégrer chaque découverte.
Faites-en une expérience active : après chaque chapitre, prenez un moment pour réfléchir et notez ce qui vous marque. Ce livre n'est pas juste une lecture, c'est un outil de transformation.
Laissez-vous guider, sans précipitation. Suivez l'ordre des chapitres, laissez-vous porter et, surtout, mettez en pratique ce que vous apprenez. C'est là que la vraie magie opère. Soyez curieux, soyez ouvert, et avant tout... soyez prêt à changer.

Alors, que la lecture soit avec vous, cher(e) voyageur(se) ! En gardant ces consignes à l'esprit, vous êtes au début d'un voyage passionnant vers la découverte de nouveaux horizons. Préparez-vous à explorer des mondes inconnus, à dénicher des trésors de connaissance et peut-être même à devenir un maître Jedi de votre vie.
Que votre lecture soit une aventure du côté clair de la force !

ÉTAT DES LIEUX : DRESSEZ LE BILAN

Afin de poursuivre votre lecture dans les meilleures conditions, dressons ensemble un état des lieux de votre situation actuelle. Imaginez une carte, un panorama où chaque détail compte. C'est ici que nous observons les nuances et explorons les recoins de votre situation de ce jour.

À votre naissance, votre cerveau est vierge de toute information sur le tabac. Fumer n'est pas une compétence innée, c'est un savoir qui se façonne avec le temps, un peu comme apprendre à lire. Une fois que vous maîtrisez cette compétence, vous ne pouvez plus ouvrir un livre sans que votre cerveau comprenne les mots. Cela devient naturel. Vous ne pouvez pas désapprendre à lire, pourtant vous avez toujours la possibilité de décider de ne plus lire.

La situation est similaire avec le tabac. Vous ne redeviendrez jamais un non-fumeur vierge de toute expérience, à moins d'une amnésie totale ! Vous choisirez l'étiquette qui vous convient le mieux. Vous pourrez être un ex-fumeur, un non-fumeur ou même un fumeur qui ne fume pas. Essayez de vous imaginer déclarant « Je suis un fumeur qui ne fume pas ! » Cela suscitera certainement des regards interrogateurs, non ? En revanche, si vous affirmez « je suis non-fumeur », cela semblera tout à fait normal. Après tout, c'est ainsi que nous naissons !

Par souci de simplicité, j'ai choisi d'utiliser le terme « non-fumeur » tout au long du livre, mais ce choix vous appartient. Ce qui compte n'est pas l'étiquette que vous utilisez, mais la réalité derrière ces mots : vous êtes en train de reprendre le contrôle. Peu importe comment vous vous définissez, tant que cela vous aide à avancer.

Mais au fond, pourquoi fumez-vous vraiment ? Pensez-vous que vous aimez fumer ? Que la cigarette est une partie de vous ? Pourtant, avant votre toute première cigarette, avez-vous une seule fois eu l'envie de fumer ? Non. Ce désir n'existait pas. Vous l'avez appris. Mais qui vous l'a appris ? Réfléchissez à cela un instant. Cette pensée remet tout en question. Si ce n'était pas un besoin naturel, alors ce que vous croyez être « une partie de vous » n'est en réalité qu'un programme appris, un conditionnement. Et comme tout conditionnement, il peut être remis en question, modifié, effacé. Alors... êtes-vous vraiment libre de fumer ?

Maintenant que vous avez passé cette prise de conscience, regardons plus en détail ce qui, en vous, résiste encore à cette idée d'arrêter de fumer…

MISE AU POINT

Je vous propose un petit exercice pour détecter vos résistances à devenir non-fumeur. Voici une liste de questions et d'affirmations auxquelles je vous invite à répondre avec soin. Soyez honnête avec vous-même et adaptez ces formulations selon ce qui vous convient le mieux. L'objectif est de découvrir comment vos émotions réagissent face à des questions simples liées à l'engagement. Prenez un moment pour vous concentrer :

→ Ai-je envie de changer ?
→ Suis-je prêt à tourner la page avec la cigarette ?
→ Je suis convaincu que ce changement est bénéfique pour moi.
→ Est-ce le bon moment pour moi de changer ?
→ J'accepte de quitter l'ancien pour accueillir le nouveau.
→ Suis-je prêt à m'engager pleinement ?

Comment vous sentez-vous en répondant à ces questions et en réagissant à ces affirmations ? Elles peuvent chatouiller un peu, vous donner envie de faire une pirouette pour les éviter. Les excuses habituelles et les stratagèmes d'évitement pointent leur nez, vous apportant une sorte de réconfort… Il est normal que ces réticences soient là, accueillez-les ! Peut-être n'est-ce pas le cas et que vous ressentez plutôt cette petite flamme intérieure qui vous pousse vers le changement ?

> **Notez maintenant spontanément de 1 à 10 votre motivation à redevenir non-fumeur. Gardez ce chiffre quelque part, car il pourrait évoluer au fil de votre lecture.**

Maintenant que vous avez repéré vos réticences, vous allez les débusquer pour voir ce qu'elles cachent. Vous connaissez en général les plus courantes :

Excuse n° 1 : « Je maîtrise ma consommation. »
Vraiment ? Alors pourquoi avez-vous déjà tenté d'arrêter… sans succès ?

Excuse n° 2 : « J'arrête quand je veux. »
Si c'était vrai, vous ne liriez probablement pas ce livre, n'est-ce pas ?

Excuse n° 3 : « J'aime fumer. »
Était-ce le cas avant votre toute première cigarette ? Ou avez-vous appris à l'aimer ?

Ces arguments vous donnent l'impression que vous tenez les rênes, mais la réalité est qu'elles vous échappent complètement : **vous avez perdu le contrôle de la situation !**

À tout cela s'ajoute l'argument classique : « Il faut bien mourir de quelque chose. » Bien sûr, nous allons tous mourir un jour. Pourtant, diriez-vous pour autant que sauter en parachute avec une chance sur deux qu'il s'ouvre est une bonne idée ?
Enfin, il existe aussi l'idée que « Vapoter est meilleur pour la santé. » Avez-vous déjà remarqué la tête de mort sur les flacons d'e-liquide ? Peut-être serait-il utile de vous renseigner sur les composants de ce soi-disant remède miracle vendu par les fabricants de cigarettes eux-mêmes.

Ces excuses semblent rationnelles, mais si elles étaient vraiment valables, pourquoi seriez-vous en train de lire ce livre ? Pourquoi auriez-vous déjà essayé d'arrêter sans succès ? Ce ne sont pas des vérités, ce sont des histoires que vous vous racontez. Et une histoire peut se réécrire.

> **Penser que vous maîtrisez votre consommation, se résigner ou nier les dangers sont autant de stratégies pour échapper à la réalité. Une fois que vous accepterez de voir la vérité telle qu'elle est, vos résistances commenceront à céder, laissant enfin place à votre démarche pour devenir non-fumeuse ou non-fumeur !**

02 VERS UN AVENIR **SANS TABAC !**

> *« Le plus sûr moyen de réussir, c'est d'essayer encore une fois. »*
> *– Thomas Edison*

Vous venez d'explorer vos résistances, maintenant faites une pause. Et si, au lieu d'analyser encore et encore ce qui vous retient, vous vous autorisiez à voir ce qui vous attend ? Non pas comme un rêve lointain, mais comme une réalité qui se rapproche, un futur qui vous tend les bras. Ce futur est là. Il n'a pas besoin d'être forcé ni combattu. Il suffit de lever les freins qui vous empêchent d'y entrer.

Laissez votre imagination vagabonder un instant. **Vous vous projetez dans un futur assez proche. Imaginez que vous êtes non-fumeuse ou non-fumeur depuis quelques semaines.** L'arrêt a été étonnamment facile, au point que, par moments, vous en oubliez que la cigarette a déjà fait partie de votre vie. Un jour, vous vous rendez à une fête entre amis et quelqu'un vous tend une cigarette. Vous souriez et refusez poliment, ressentant une immense fierté intérieure. Vous vous sentez libre, sans aucune envie ni besoin de fumer. Vous respirez profondément, appréciant l'air pur qui emplit vos poumons, et vous comprenez à quel point votre vie est plus légère et plus saine sans la cigarette.
Pouvez-vous vous voir dans cette situation ? **Pouvez-vous vous imaginer en tant que non-fumeuse ou non-fumeur ?**

→ **Si la réponse est oui,** bravo ! Vous voilà prêt à concrétiser cette nouvelle identité de non-fumeur et à devenir finalement le héros de votre arrêt. Vous mobilisez vos ressources intérieures pour booster votre motivation. Gardez bien en tête cette image de vous, en mode non-fumeur, et choisissez votre date pour faire de cet objectif une réalité.

→ **Si la réponse est non,** rassurez-vous, c'est parfaitement normal ! Vos habitudes sont solidement ancrées. Parfois, l'envie d'agir et l'imagination de l'acte ne coïncident pas. Il peut sembler que votre cerveau a du mal à « fabriquer » l'image de cette action accomplie. Pourtant, votre cerveau fonctionne constamment en se basant sur des représentations visuelles. Il est comme un graphiste qui dessine tout le temps dans votre tête. Vous ne pouvez pas échapper à la création d'images dans votre esprit ! Ce que vous imaginez devient concret dans votre mental, créant une réalité interne. Cette réalité interne vous aidera à concrétiser et à rendre réelle l'image que vous voulez manifester dans votre vie. Un peu comme votre propre galerie d'art dans laquelle vous pouvez créer l'image que vous souhaitez, en l'occurrence celle de non-fumeur !

Ainsi, il est tout à fait naturel de ressentir certaines résistances, mais progressivement et en douceur, vous mettrez en place de nouvelles programmations positives ! Amusez-vous avec cette projection, **laissez-vous séduire par cette idée et écoutez cette petite voix qui vous murmure « Pourquoi pas ? » « Et si c'était possible ? »** Parce que finalement, ce futur est déjà là, en vous. Vous n'avez rien à forcer. Rien à combattre. Il suffit d'ouvrir la porte et de laisser entrer cette nouvelle réalité. Donnez-vous simplement la chance de planter cette graine dans votre esprit, et ce livre viendra la nourrir pour qu'elle puisse germer.

Et si, dès aujourd'hui, vous commenciez à penser un peu différemment ? Plus vous laisserez cette idée s'installer, plus elle vous semblera évidente.
Aujourd'hui, vous doutez.
Demain, vous y croirez un peu plus.
Et bientôt, cela deviendra une réalité.

N'oubliez pas que la vie est une succession d'apprentissages. Entraînez-vous à visualiser ces moments de réussite, engagez tous vos sens et embarquez dans ce processus de changement ! Et, cerise sur le gâteau, pourquoi pas l'imaginer avec facilité ?

> **Se projeter dans un avenir sans tabac est une étape essentielle pour renforcer votre motivation. En vous visualisant libre de la cigarette, vous préparez votre esprit à accepter cette nouvelle réalité et à travailler vers cet objectif avec confiance.**

03 CLARIFIER SON OBJECTIF : LE POUVOIR DES MOTS

Avant de vous aventurer dans le grand défi de dire adieu à la cigarette, il est essentiel de définir une mission claire et précise, comme si vous dessiniez une carte au trésor. Attention, il ne s'agit pas de n'importe quelle carte, mais de celle qui vous conduira vers la réussite.

Cette carte doit respecter trois règles principales :

→ elle doit commencer par « Moi, je » ;
→ être formulée au présent ;
→ et être imprégnée d'énergie positive.

Par exemple : « Je veux redevenir non-fumeur. », « Je me libère de la cigarette ! »
L'une de mes amies, Sophie, a défini son objectif ainsi : « Moi, Sophie, je choisis de vivre chaque jour en pleine santé et en pleine conscience, sans la cigarette. »
Elle répétait cette affirmation chaque matin et chaque soir, ce qui renforçait sa détermination et sa conviction.

En clarifiant votre objectif de cette manière, vous renforcez votre motivation et votre confiance en votre capacité à réussir. Maintenant, tentons de comprendre pourquoi définir un bon objectif est si crucial.

LA MAGIE DES MOTS : L'IMPORTANCE DE LA FORMULATION

1. Le « je » triomphant

Votre objectif doit être le vôtre, et non celui des autres. Si votre demarche est principalement motivée par des tiers, il est fort probable que vous rencontriez des difficultés et de la frustration. Bien sûr, les souhaits de vos proches sont importants, mais votre décision doit venir de vous, et de vous seul. Formulez votre objectif en utilisant « je ». Identifiez ce qui vous pousse à arrêter le tabac. Est-ce le coût, les effets sur votre santé ou d'autres motivations ? Nommez-les.

N'est-il pas évident pour vous qu'un jour vous arrêterez de fumer ? Pourquoi en êtes-vous convaincu ? Parce qu'il est naturel pour l'esprit de ne pas envisager le tabagisme à vie. Vous savez au fond de vous que, tôt ou tard, vous arrêterez, vous ne savez pas simplement quand !

2. Être dans le présent : maintenant ou jamais

Lorsque vous fixez vos buts, faites-le au présent. Ils ne sont pas pour demain, pas pour plus tard, mais pour tout de suite ! Les formules « j'aimerais », « j'ai envie » ou « j'espère » restent coincées dans l'hypothétique. Les formes conditionnelles ou les futurs proches n'ont pas leur place ici. Dites adieu aux souhaits, c'est le moment d'agir ! Dites plutôt « je veux », ancré dans le présent. La démarche commence maintenant, pas dans un avenir lointain. Vous l'avez souhaité pendant bien trop longtemps, alors lancez-vous sans tarder vers votre objectif !

3. Formulation positive : la force du positif

La formulation positive agit comme une potion magique pour dire adieu à la cigarette ! Les mots ont une immense force ! Si vous dites « je ne veux pas penser à la cigarette », vous restez bloqué sur cette idée de penser à la cigarette, ici exprimée de manière négative. Mais si vous prenez le taureau par les cornes et que vous dites « je choisis ma santé libérée de la cigarette » ou « je décide de vivre pleinement ma vie de non-fumeur », vous ouvrez une porte toute grande vers ce que vous voulez vraiment. Il est d'ailleurs important de savoir ce que souhaitez réellement, interrogez-vous ! « Qu'est-ce que je veux vraiment ? » Une bonne formulation revient à dire « Ciao la cigarette ! » avec un grand sourire.

Je vous entends déjà dire : « Caroline, la pensée positive je connais, mais ce n'est pas ça qui va me faire arrêter de fumer. » Je comprends vos réactions, mais peut-être que vous ne savez pas que votre cerveau fonctionne comme un GPS. Chaque pensée que vous avez est comme une adresse entrée dans le GPS : plus elle est répétée, plus elle donne une direction à suivre dans la réalité.

04 LE CERVEAU NE COMPREND PAS **LA NÉGATION**

Sachez que votre cerveau a un petit défaut : il ne parle pas le langage de la négation ! Étonnant, non ? Qu'est que cela signifie ? Qu'il ne comprend tout simplement pas le négatif. Imaginez que je vous demande de ne pas penser à un éléphant bleu. Vous voilà instantanément en train de visualiser un éléphant bleu dans votre esprit. Vous devez ensuite vous imposer d'oublier cet animal et de cesser d'y penser, puisque c'est ce que je viens de vous demander. Vous essayez alors de vous vider l'esprit ou de penser à autre chose. Mais c'est trop tard, l'éléphant est déjà dans la pièce de votre esprit. Vous aviez pourtant reçu l'ordre de ne pas y penser.

Rassurez-vous, c'est une réaction tout à fait normale. En réalité, le cerveau ne sait pas traiter l'information « ne pas ». Il est programmé pour imaginer ce qu'il est possible de faire, d'abord en visualisant l'action de la phrase, puis en décidant de ne pas l'accomplir. La négation n'est pas une langue naturelle pour lui. Il imagine donc d'abord l'action interdite, pour ensuite décider de faire le contraire. Ainsi, votre cerveau ne saisit pas la négation. Il est inévitablement obligé de passer par l'étape « ce qu'il faut faire ». Ensuite il s'attarde sur « ce qu'il ne faut pas faire ».

→ Si vous dites à votre enfant « ne cours pas », son cerveau va immédiatement lui envoyer l'image de lui en train de courir et il ne retiendra que l'action de la phrase. Alors chers parents, vous comprenez mieux pourquoi les enfants n'écoutent pas !
→ Si vous vous dites « je ne veux pas fumer », votre cerveau vous inonde d'images de vous en train de fumer. Le cerveau, ce farceur, ne peut pas s'empêcher d'imaginer l'inverse de ce que vous voulez !

FAIRE DE SON CERVEAU UN ALLIÉ

Si vous êtes perdu et que vous ne savez pas comment vous y prendre, je vous invite à effectuer une petite pirouette linguistique en transformant le négatif en positif. **Demandez-vous toujours ce que vous voulez vraiment et non la liste de ce que vous ne voulez pas !** Par un simple tour de magie des mots, l'exercice devient soudainement beaucoup plus simple. Au lieu de dire « je ne veux pas fumer », dites plutôt « j'arrête de fumer », « je veux devenir non-fumeur », « je veux que la cigarette sorte de ma vie une bonne fois pour toutes » ou encore « je veux me sentir libre ». Votre cerveau appréciera ce langage positif et vous soutiendra dans votre démarche pour vous libérer de la cigarette !

Lorsqu'il s'agit de surmonter les craintes liées à la prise de poids et à la frustration pendant l'arrêt du tabac, il est crucial d'adopter ce langage positif plutôt que de laisser s'exprimer ce que vous ne voulez pas. En transformant les pensées négatives en affirmations positives, en vous demandant toujours ce que vous voulez vraiment, vous programmez votre esprit pour le succès et la satisfaction. Voici comment vous pouvez appliquer cette technique :

→ **Au lieu de craindre de prendre du poids** en vous disant « je ne veux pas prendre du poids », dites plutôt « je veux garder la ligne ».

→ **Plutôt que de vous inquiéter de la frustration** en vous disant « je ne veux pas être irritable », affirmez « je veux rester calme et détendu en arrêtant ».

→ **Évitez la peur de la rechute** : au lieu de dire « je ne veux pas rechuter », exprimez « je veux un arrêt définitif ».

→ **Remplacez la peur de l'échec** par « je peux y arriver ».

> **En mettant l'accent sur ce que vous souhaitez profondément atteindre, vous guidez votre esprit vers la réussite et renforcez votre engagement au changement. Ce simple ajustement de langage n'est pas anodin : il oriente votre mental vers le mieux-être, facilite l'adoption de nouvelles habitudes, et soutient une transformation durable — bien au-delà de la seule question du tabac.**

05 « ÊTRE » PLUTÔT QUE « FAIRE » : L'IDENTITÉ DU NON-FUMEUR

Pensez un instant à votre objectif. Est-ce d'arrêter de fumer ? Sachez que lorsque j'ai commencé mon parcours pour arrêter de fumer, mon objectif initial était simplement de ne plus allumer de cigarette. Cependant, après plusieurs rechutes, j'ai compris que je devais adopter une nouvelle identité. Plutôt que de FAIRE des efforts pour ne pas fumer, j'ai commencé à ÊTRE une non-fumeuse. J'ai intégré cette nouvelle identité dans tous les aspects de ma vie, en me disant constamment « je suis une non-fumeuse ». Cela a changé ma perspective et renforcé ma détermination.

En effet, il y a une distinction cruciale entre la formulation « arrêter de fumer » et « être non-fumeur ». « Arrêter de fumer » se situe dans le domaine du FAIRE. C'est l'action d'arrêter, que vous accomplissez chaque jour lorsque vous écrasez votre cigarette, d'ailleurs. C'est déjà une compétence que vous maîtrisez parfaitement ! Cependant, quelques heures voire quelques minutes plus tard, vous rallumez une cigarette. Cette formulation n'est donc pas en phase avec votre objectif. Vous ne cherchez pas simplement à arrêter de fumer, vous aspirez à « être non-fumeur ». La différence peut vous sembler subtile, voire inexistante, et pourtant elle joue un rôle capital ici pour redevenir un non-fumeur confirmé. La formulation libère l'intention et éclaire la voie !
Vous devez donc réapprendre – car vous avez perdu ce savoir-faire –, à être un non-fumeur. Cela implique un processus complet, avec une série d'étapes à suivre. Vous passerez d'un état de fumeur à un état de non-fumeur.

Imaginez votre esprit comme un ordinateur : pour changer et obtenir de nouveaux résultats (les états désirés), vous devez modifier vos actions. Il est crucial d'adopter de nouvelles procédures pour parvenir à un état souhaité. En somme, **il faut faire pour être !**
On ne devient pas un chef reconnu sans avoir appris à cuisiner ! Un cuisinier dont le but est d'être un chef reconnu sait qu'il doit apprendre à cuisiner (à être dans le FAIRE), mais ce qui le motive

réellement est l'ambition d'ÊTRE un chef reconnu. C'est cette vision de devenir un chef renommé qui le pousse à exceller bien au-delà de la simple pratique culinaire.

Il est important de comprendre que lorsque vous vous concentrez uniquement sur le comportement (le FAIRE), les changements demeurent superficiels et temporaires. La plupart des méthodes d'arrêt de la cigarette se concentrent sur ce que vous faites, vous demandant d'arrêter de fumer et d'éviter cette action. Mais imaginez-vous : vous êtes un fumeur essayant désespérément d'éviter de fumer ! Ici, le souci est que vous demeurez attaché à cette identité de fumeur tout en tentant de supprimer ce comportement.

Prenez l'exemple de la perte de poids : beaucoup se concentrent uniquement sur le régime et l'exercice, des actions immédiates. Imaginez que vous êtes quelqu'un qui décide de suivre un régime strict. Vous comptez chaque calorie et évitez scrupuleusement les aliments « interdits ». Cependant, vous vous identifiez toujours comme quelqu'un qui lutte contre son poids, vivant chaque jour un combat contre la nourriture. Cette approche peut fonctionner temporairement, mais sans changement d'identité – sans commencer à vous voir et à agir comme une personne naturellement plus mince, saine et équilibrée –, il est difficile de maintenir ces changements sur le long terme.

→ L'acte de fumer implique une ACTION associée à un comportement = vous êtes dans le FAIRE.
→ Être fumeur, non-fumeur ou ex-fumeur implique un ÉTAT lié à votre identité = vous êtes dans l'ÊTRE.

Comment ces deux expressions résonnent-elles en vous : « je peins » et « je suis artiste peintre » ? « Je peins » décrit une action, une activité que vous pouvez effectuer de manière ponctuelle. « Je suis artiste peintre », en revanche, révèle la personnalité de l'individu, offrant un aperçu plus profond de qui il est. Cela suggère qu'il est créatif et que la peinture est probablement sa profession, ou du moins une activité régulière. De manière similaire, quand vous dites « je veux devenir non-fumeur », cela implique un changement d'identité. Ce n'est pas juste une action ponctuelle, mais une transformation de votre être tout entier. Cela va au-delà d'un simple comportement, touchant à quelque chose de plus fondamental et profondément ancré en vous.

Finalement, en analysant comment nous exprimons nos intentions, nous réalisons l'énorme pouvoir des mots. Changer notre langage intérieur et passer de « je veux arrêter de fumer » à « je suis un non-fumeur » équivaut à la transition de « je peins » à « je suis artiste peintre ». C'est une transformation identitaire, une refonte de notre mental. L'astuce pour devenir un non-fumeur épanoui est de s'approprier cette identité avec toute la légèreté et la créativité qu'elle inspire. Après tout, la vie sans tabac, c'est un chef-d'œuvre en cours de création, et vous en êtes l'artiste principal !

En résumé, gardez à l'esprit que la clé pour écraser votre dernière cigarette ne se trouve pas seulement dans ce que vous faites, mais surtout dans qui vous décidez d'être. En définissant clairement vos aspirations et en les formulant de manière positive, vous peignez le portrait d'un non-fumeur épanoui et en pleine santé. Adoptez-le « je » victorieux et laissez votre objectif bien défini vous guider comme une boussole lumineuse. Rappelez-vous : vous ne vous contentez pas d'arrêter de fumer, vous embrassez une vie vibrante de liberté et de bien-être !

06 DIRECTION L'ARRÊT DÉFINITIF !

Je sais que vous souhaitez un arrêt définitif, mais dès que l'expression « plus jamais » est évoquée, elle fait immédiatement surgir une peur. « Quoi, je ne vais plus jamais pouvoir fumer ? » Pourtant c'est bien ce que vous voulez, mais vous êtes tiraillé.

Nous rêvons tous d'un arrêt définitif et de signer un CDI, sans passer par la case CDD (rechute) ! Pourtant, je parie que si je vous dis : « Plus jamais ! », une petite voix commence à murmurer dans votre tête : « Plus jamais ? Vraiment ? Je ne vais plus jamais pouvoir rallumer une cigarette ? Euh, je ne sais pas si je ne veux PLUS JAMAIS de cigarette dans ma vie... »
Elle vous parle cette petite voix de la peur ? Pour ma part, elle m'a bien parlé et elle était souvent un frein dans ma démarche. En effet, l'expression « plus jamais » peut effrayer beaucoup de fumeurs qui souhaitent arrêter de fumer.

Je vous propose donc le contrat ci-dessous. Lisez-le attentivement et dites-moi si vous le signez spontanément. Mais avant de signer, prenez le temps de réfléchir à cela : si vous ne signez pas maintenant, qu'est-ce qui va changer ? Probablement rien. Dans un an, dans dix ans, où en serez-vous ? Souhaitez-vous encore être pris dans cette boucle infernale ?

CONTRAT N° 1

Objet : non-fumeuse ou non-fumeur définitif(ve)
Nom :
Prénom :
Date :

Je soussigné(e) (NOM / Prénom) m'engage à ne plus jamais fumer de cigarette ou vapoter de ma vie.

Signature

→ Vous sentez-vous particulièrement à l'aise pour le signer ? Hésitez-vous à signer ce contrat ? Vous oppresse-t-il ? J'imagine que c'est le cas pour un grand nombre d'entre vous ! Alors comme je l'ai fait pour moi, je vous propose ce second contrat.

CONTRAT N° 2

Objet : non-fumeuse ou non-fumeur définitif(ve)
Nom :
Prénom :
Date :

Je soussigné(e) (NOM / Prénom), m'engage avec l'intention d'un arrêt définitif.

Clause : vous avez toujours votre choix et votre libre arbitre, si demain vous voulez retourner vers la cigarette, vous êtes libre de le faire, personne ne vous y en empêche et peut-être que de vous-même vous ne ferez jamais le choix d'y revenir.

Signature

→ Vous sentez-vous plus à l'aise pour le signer ? Le signez-vous ? J'imagine qu'il devient plus facile de s'engager dans ce sens avec cette clause !

Le premier contrat peut paraître oppressant et soumet à une pression inutile. Cette pression vient du fait de la peur de la perte qui s'active en vous. **Vous avez le sentiment qu'on vous ôte un droit, qu'on vous prive de quelque chose, d'une sorte de libre arbitre.**

Il est bien connu que l'interdit suscite l'envie et pousse à la transgression ! Personne n'aime vivre un interdit. Si on m'avait dit : « Caroline, tu n'as plus le droit de fumer ! », j'aurais été la première à dire : « Tu sais quoi ? Tu peux me dire ce que tu veux, je m'en fiche, car je fais ce que je veux ! C'est moi qui décide ce que je veux ou ne veux pas faire. » Mon côté rebelle se serait manifesté.

Fumer ou ne pas fumer relève d'un choix et uniquement d'un choix ! Cela ne relève en aucun cas d'un droit. Choisir que son arrêt du tabac est définitif reste également un choix.

Personnellement, j'ai signé à l'époque le second contrat, il me convenait davantage. J'ai fait mon propre choix. Un plus faible pourcentage d'entre vous optera pour le premier contrat, notamment les personnes qui préfèrent que les choses soient cadrées, plus strictes. Celles qui ne souhaitent pas laisser une porte entrouverte à la cigarette, car sinon elles risquent de renouer avec elle. Le plus important est d'être à l'aise à la signature du contrat. Gardez en tête que les deux contrats sont tout à fait valables, car ils actent un arrêt définitif ! Maintenant, prenez un instant pour réfléchir sur le contrat qui vous convient le mieux.

Observez ce qu'il se passe : dans les faits, les deux contrats engagent un arrêt définitif. Pourtant, avec ces deux contrats qui ont le même objectif, je viens de vous raconter **deux histoires différentes**. Voyez la puissance des histoires et ce qu'elles provoquent en vous. **Il vous suffit dorénavant de vous raconter les bonnes histoires afin de mobiliser vos ressources pour atteindre votre objectif !**

Mais que signifie un arrêt définitif ? Cela veut dire que vous faites le CHOIX de ne plus jamais fumer de votre vie. Vous êtes en plein accord avec cette décision. Personnellement, je ne saurai si mon arrêt est définitif que le jour de ma mort. Impossible de savoir à l'avance ! En revanche, je peux être dans l'intention d'un arrêt définitif durant chaque instant de ma vie. Pour être dans cette intention, j'ai dû ouvrir les yeux sur le tabac et toute la manipulation des industriels. J'ai pris une décision et, tous les jours, je suis en accord avec mon choix et ma décision d'être non-fumeuse. Voilà pourquoi l'idée d'un arrêt définitif ne me fait pas peur, car je sais ce que je ne veux plus : la cigarette et le poids de tous ces inconvénients. Je ne vis aucune frustration, cela ne me manque pas, je ne me sens pas privée, je n'en veux juste plus dans ma vie.

L'arrêt définitif équivaut surtout à faire le choix, chaque jour, d'être non-fumeur et de cultiver cette intention : je veux = vouloir = choix.

Maintenant, prenez un instant. Respirez. Regardez ces contrats. Lequel vous parle le plus ? Peu importe lequel vous choisissez, c'est votre engagement qui compte. Vous venez de poser un acte fort, un acte qui marque votre décision.

PARTIE II

WAKE-UP – RÉVEILLEZ-VOUS ! LE MONDE DES HISTOIRES *VS* LE MONDE DE LA RÉALITÉ

07 LES GRANDES MANIPULATIONS LE MONDE DES HISTOIRES : « FUMER = SOLUTION »

« Celui qui contrôle la peur des gens devient le maître de leurs âmes. » – Machiavel

CRÉATION ET PROPAGATION DU VIRUS TABAC

⚠ **DOCUMENT ULTRA CONFIDENTIEL – INTERNE SEULEMENT**
INTERDICTION FORMELLE DE DIVULGATION – RISQUE DE SANCTION IMMÉDIATE

Objet : plan stratégique pour la pérennisation et l'expansion de notre empire
Expéditeur : département stratégique – industrie du tabac
Destinataire : hauts dirigeants du secteur
Niveau de confidentialité : CLASSÉ SECRET

Chers associés,

Si ce document se retrouve entre vos mains, c'est que vous faites partie de l'élite de notre industrie. Vous savez déjà que nous ne vendons pas simplement du tabac. Nous vendons une habitude, une illusion, une identité. Nous ne nous contentons pas de créer un produit, nous créons un besoin, un attachement profond et, surtout, une dépendance durable.

Nos meilleurs chimistes ont créé un virus, nuisible certes, mais incroyablement lucratif ! Notre objectif : le propager auprès du plus grand nombre, tout en dissimulant soigneusement ses effets toxiques. Pour ce faire nous devons concevoir une stratégie de diffusion qui ne laisse rien au hasard, de la recherche scientifique aux stratégies de marketing.

Nos buts sont on ne peut plus clairs :
→ vendre le plus possible ;
→ attirer de nouveaux consommateurs ;
→ fidéliser ces consommateurs en ancrant la croyance que fumer est la solution à la gestion des émotions et à toutes les situations de la vie.

Mais nos adversaires sont partout. Les lois anti-tabac se multiplient, la pression sociale augmente, et les campagnes de sensibilisation gagnent du terrain. Nous devons donc adapter nos stratégies pour garder nos consommateurs captifs de leur première bouffée… à leur dernier souffle.

LES COULISSES DU POISON

Dans notre laboratoire, nous avons conçu un cocktail chimique d'une précision diabolique. Une fois allumée, chaque cigarette devient une véritable usine toxique, atteignant des températures dignes d'un volcan miniature. Ce qui n'était qu'un mélange de feuilles séchées se transforme alors en un brouillard létal, où plus de 4 000 substances prennent vie, prêtes à envahir l'organisme de nos chers consommateurs, chacune avec un rôle précis.

La nicotine : l'appât parfait
Leur cerveau l'adore. Naturellement présente dans la plante de tabac, elle agit comme un petit génie chimique. Associée au sucre, elle libère un shoot de dopamine, l'hormone du plaisir instantané. Une sensation éphémère, mais ô combien efficace pour les garder sous contrôl !

L'ammoniac : le turbo à nicotine
Pourquoi se contenter d'une simple dose de nicotine quand on peut la booster ? L'ammoniac permet au corps de l'absorber plus vite, comme un carburant ultrapuissant. Un ingrédient familier : il nettoie aussi les toilettes.

L'arsenic : l'ami des rongeurs
Poison redoutable, il est utilisé dans les pesticides. Parfait pour éliminer les nuisibles… et en prime, un effet toxique garanti sur nos fidèles consommateurs.

Le formaldéhyde : l'embaumeur discret
Un véritable maestro de la leucémie et des cancers. Il irrite les voies respiratoires et, cerise sur le cercueil, il sert aussi à conserver les cadavres. Fumer revient alors à s'embaumer à petit feu.

Le benzène : le saboteur d'ADN
Il modifie l'ADN, favorisant cancers et leucémies. On le retrouve dans l'essence et les colles… autant rentabiliser son potentiel destructeur !

Le cyanure d'hydrogène : l'étouffeur
Il rend les poumons aussi vulnérables que du cristal. Sa spécialité ? Il bloque l'oxygène et accélère la détérioration des cellules. Une vraie touche mortelle… également utilisée pour préserver les cadavres.

Le goudron : l'empreinte indélébile
Chaque inhalation ajoute une couche de noirceur dans les poumons. Comme une fresque toxique qui ne s'efface jamais. Un vernis mortel, tout en finesse.

Le monoxyde de carbone : le voleur d'oxygène
Invisible, inodore, mais implacable. Il prive le sang d'oxygène, essouffle le corps et met à rude épreuve le cœur. Particulièrement redoutable pour les futures mamans… et les fœtus.

L'oxyde d'azote : l'effronté
Ce pollueur invétéré irrite les poumons et rend chaque respiration plus laborieuse. Présent dans la pollution industrielle, il offre un bonus bien connu : les pluies acides.

Et bien sûr, une belle troupe d'autres invités : métaux lourds (plomb, chrome, mercure), gaz toxiques, adoucisseurs d'âpreté, accélérateurs de combustion, blanchisseurs de papier, retardateurs de feu et bronchodilatateurs pour que la fumée passe plus facilement… et en plus grande quantité. Cela permettra de donner l'impression aux fumeurs que nos cigarettes industrielles sont moins nocives que leur bon vieux tabac !

→ Mais ne vous en faites pas, nous connaissons l'astuce parfaite pour camoufler tout ce petit monde : **le sucre** !

LE SUCRE, NOTRE ARME SECRÈTE

Ce secret bien gardé peut sembler incroyable, mais il est temps de vous le révéler. Oui, vous avez deviné, il y a bel et bien du sucre dans nos cigarettes ! Nous, industriels du tabac, avons eu la brillante idée d'ajouter du sucre sous forme d'additifs et d'exhausteurs de goût, tel le menthol. Voyez-vous, quand le sucre est associé à la nicotine, il se passe quelque chose de magique : il active le système de récompense dans le cerveau, créant ainsi une combinaison irrésistible pour nos chers clients. C'est notre petit secret pour rendre nos produits encore plus captivants, et nous en sommes fiers !

Il est de notoriété publique que la nicotine est un puissant agent addictif. Cependant il est intéressant de noter que lorsqu'un fumeur se voit prescrire des patchs de nicotine, il est rare qu'il devienne dépendant. La raison ? La nicotine seule ne crée pas l'addiction. Notre brillante équipe de chercheurs a découvert que l'addiction se manifeste lorsque la nicotine est associée au sucre. Lorsque le sucre brûle avec la cigarette, il libère des inhibiteurs de monoamines oxydases (IMAO). Ces inhibiteurs modifient l'équilibre entre la sérotonine et la noradrénaline, permettant à la dopamine d'activer le système de récompense du cerveau.

Après la première inhalation, qui est ressentie comme un véritable petit shoot de plaisir, survient la descente, donc deux effets simultanés totalement différents :

→ la dopamine, qui procure une sensation légère de bien-être au cerveau ;

→ les 4 000 substances nocives qui inondent le corps.

Ainsi, le virus qui stimule continuellement le système neuronal de récompense se propage rapidement et finit par contaminer l'ensemble du système. Le fumeur ne perçoit alors plus les aspects toxiques de la cigarette, mais uniquement le bien-être éphémère qu'elle lui procure. C'est ainsi que nous commencerons la contamination à grande échelle !

L'ANCRAGE PSYCHOLOGIQUE : INTÉGRER LA CIGARETTE DANS LE QUOTIDIEN

Le grand public ignore qu'une autre dépendance entrera en jeu à force de répéter le geste de fumer tout au long de la journée, et que cette dépendance va s'avérer très puissante, bien plus puissante que ce que nous savons de la nicotine. La dépendance psychologique prend donc le relais !

Comme vous le savez, l'emprise psychologique est l'un des piliers de notre succès. Nous avons maîtrisé l'art de captiver l'esprit de nos consommateurs. Chaque inhalation de nos produits crée une connexion profonde avec notre marque. Nous avons exploité le pouvoir de la suggestion pour ancrer dans l'esprit de nos consommateurs le fait que nos cigarettes sont indispensables à leur bien-être. Ils sont devenus nos disciples, convaincus que nos produits comblent un vide, apaisent leurs angoisses et sont leurs meilleurs compagnons. Ceux-ci ne se rendent pas compte que ces croyances sont le fruit de notre manipulation. Ils sont sous notre emprise, et cette réalité renforce chaque jour leur dépendance. La puissance de cette emprise est un élément fondamental de notre stratégie, nous avons su leur inculquer que FUMER EST LA SOLUTION à toutes les situations qu'ils rencontrent au quotidien.

Nous avons atteint un point où la dépendance psychologique à nos produits dépasse largement la dépendance physique. Nos consommateurs ont désormais intégré l'équation : « FUMER = SOLUTION ». Ils ont développé un lien affectif profond avec la cigarette, qui est devenue une sorte de doudou affectif pour adultes. Qui, après tout, souhaiterait se séparer de son doudou ? Ce lien émotionnel renforce leur fidélité à nos produits, rendant notre stratégie encore plus efficace !

→ Il est grand temps de lever le voile sur un aspect de notre produit qui, il faut le dire, est tout à fait diabolique. Chaque fois qu'un fumeur allume l'une de nos cigarettes, il plonge tête la première dans un monde d'illusions émotionnelles. Ce n'est pas lui qui contrôle ses émotions, c'est notre produit. Nous avons créé une expérience sensorielle si captivante, si enivrante, qu'elle l'enferme dans un tourbillon chimique. La nicotine, le sucre et bien d'autres agents secrets ajoutés déclenchent une tempête de dopamine dans son cerveau. Ainsi, ses émotions sont traitées artificiellement par notre produit. Elles ne sont plus les siennes, mais celles que nous avons conçues pour lui. L'authenticité de ses sentiments s'évapore, remplacée par une réalité que nous avons méticuleusement mise en place. Les fumeurs sont prisonniers de notre création.

C'est la cerise sur le gâteau : leurs émotions sont maintenant vécues artificiellement !

NOTRE NOUVELLE ARME : LA CIGARETTE ÉLECTRONIQUE

Avec l'émergence de nouvelles technologies, nous devons également exploiter le potentiel de la cigarette électronique. Ce dispositif promet de révolutionner la manière dont nous attirons et fidélisons nos consommateurs. En apparence moins nocif, il offre une alternative séduisante à ceux qui sont soucieux de leur santé mais désireux de continuer à consommer notre produit. Nous devons exploiter cette innovation pour étendre notre influence et capturer de nouveaux marchés, tout en continuant à renforcer notre emprise sur les consommateurs actuels. C'est un enjeu majeur aujourd'hui pour nous, car nous avons conscience que nos consommateurs sont plus alertes aux dangers réels de la cigarette !

Ce dispositif promet une expérience de fumée sans les composés chimiques dangereux présents dans la combustion du tabac. En ajoutant des saveurs attrayantes et des dispositifs de vaporisation sophistiqués, nous renforçons notre emprise sur les consommateurs actuels tout en attirant de nouveaux adeptes sensibles à leur santé. La nicotine, combinée aux arômes sucrés et à la technologie de la vapeur, crée une combinaison tout aussi addictive que nos produits classiques, si ce n'est davantage. C'est une nouvelle ère dans notre stratégie de fidélisation et d'expansion de marché, lors de laquelle nous continuons à façonner les habitudes de consommation tout en minimisant les critiques sur la nocivité de nos produits.

NOTRE DERNIÈRE INNOVATION : LA PUFF !

Compacte, discrète et prête à l'emploi, la puff offre une expérience de vaporisation instantanée avec une variété de saveurs fruitées et sucrées. Emballée dans des designs colorés et accrocheurs, elle est conçue pour captiver les jeunes consommateurs à travers des campagnes de sponsorisation agressives sur les réseaux sociaux, en collaborant notamment avec des influenceurs. Notre objectif est clair : séduire une nouvelle génération de consommateurs et intégrer subtilement notre produit dans la vie quotidienne des jeunes afin de créer un lien psychologique fort avec l'acte de fumer dès les premières bouffées.

L'AVENIR : RECRUTER LES GÉNÉRATIONS FUTURES

Cible : adolescents et jeunes adultes
Notre cible principale est la jeunesse, en quête d'identité et d'affirmation de soi. Elle est influençable, ce qui rendra facile la tâche de la convaincre que la cigarette joue un rôle positif dans sa quête identitaire. Une fois touchés, les adolescents seront pris au piège pendant une grande partie de leur vie.

Canal de propagation : audiovisuel
Afin de répandre notre virus, nous utiliserons les médias audiovisuels, les réseaux sociaux et les influenceurs, véritables icônes modernes qui captivent la jeunesse.

Objectif n° 1 : entretenir la consommation de tabac
Notre objectif premier est de glorifier la cigarette et nos dernières innovations, en les valorisant auprès de notre public cible. Il doit ressentir un fort sentiment d'appartenance et s'imaginer que la cigarette est le compagnon de toutes ses émotions. Pour ce faire, nous intégrerons subtilement nos produits dans des scènes de cinéma marquantes et captivantes, ainsi que dans les moments ordinaires du quotidien, de sorte que sa présence devienne imperceptible mais banalisée. Nous lancerons des

défis pour les jeunes sur les réseaux et sponsoriserons des événements de manière subtile.

Objectif n° 2 : contrecarrer la découverte de la nocivité du tabac par la cible
Nous devons nous préparer au moment où la vérité sur la nocivité de la cigarette et de la cigarette électronique sera révélée au grand jour. Nos efforts de propagation seront alors entravés, et nous risquons d'être pointés du doigt. Pour contrer cela, nous sommes prêts à financer des études de santé visant à minimiser les effets nocifs du tabac. Nous bloquerons toute information sensible et imposerons des clauses de confidentialité.

De plus, nous mobiliserons les meilleurs avocats et lobbyistes à notre service. Nous serons prêts à inventer de nouveaux virus pour conserver notre clientèle. Enfin, grâce à une stratégie marketing méticuleuse, nous veillerons à propager un climat de peur autour de l'arrêt de la cigarette. En insistant sur le fait que l'arrêt provoque des symptômes désagréables, voire insoutenables, nous espérons que la population préférera conserver le virus dans son système plutôt que de subir la souffrance (du moins l'idée de celle-ci que nous aurons propagée) causée par l'arrêt de la consommation de nos produits. Si tout se déroule comme prévu, nous continuerons à générer des milliards de dollars de profit.

CONCLUSION : NOTRE OBJECTIF FINAL

Nous ne vendons pas seulement un produit. Nous vendons une dépendance. Une habitude. Une prison dorée dont personne ne soupçonne l'existence.

Nous avons construit un empire sur une vérité simple : tant que les consommateurs croient qu'ils fument par choix ou par envie, ils ne chercheront jamais à se libérer.

Et tant qu'ils respirent, ils doivent rester nos fidèles clients.

⚠ FIN DU DOCUMENT – À DÉTRUIRE IMMÉDIATEMENT APRÈS CONSULTATION

08 LE MONDE DE LA RÉALITÉ : « FUMER = PROBLÈME »

LA CONTAMINATION SILENCIEUSE ET SES RAVAGES

Bienvenue dans les coulisses d'une industrie qui ne laisse rien au hasard. Ici, chaque décision est calculée, chaque stratégie est pensée pour vous garder dépendant. Loin des discours rassurants, voici la réalité brute : une machine bien huilée, conçue pour vous séduire, vous piéger et vous maintenir sous son emprise. L'objectif est clair : vous conditionner à croire que **« fumer = solution »**, jusqu'à ce que l'idée même de vivre sans cigarette vous semble inconcevable.

Mais si fumer est une solution, à quel problème répond-elle réellement ?

Voyons maintenant l'envers du décor. Car cette solution miracle a un prix... et pas des moindres. Vous avez signé un pacte avec le tabac sans même le savoir. Un pacte grâce auquel, chaque jour, celui-ci prélève son dû : votre santé, votre temps, votre argent... et bien plus encore. En réalité, vous avez laissé entrer un virus dans votre système. Un parasite qui grignote tout sur son passage, vous murmurant que vous avez fait le bon choix.

LE TABAC COMME VIRUS INFORMATIQUE DANS LE CERVEAU

Imaginez votre cerveau comme un vieil ordinateur. Au fil des ans, il a accumulé toute sorte de programmes et de fichiers. Il a stocké des données obsolètes, des croyances farfelues et des expériences étranges. Certaines d'entre elles sont devenues si dépassées qu'elles font bugger le système, comme un virus informatique. Et personne n'aime les virus informatiques, n'est-ce pas ?

C'est comme lorsque vous recevez un e-mail avec un titre très accrocheur du type « Changez de vie en 24 heures ! » et que vous ne résistez pas à l'envie de l'ouvrir. Vous vous faites ainsi piéger et un virus prend le contrôle de votre ordinateur. Eh bien, c'est un peu ce qu'il s'est passé avec le « virus tabac » dans votre cerveau.

La première fois que vous avez allumé une cigarette, vous ne saviez pas vraiment ce que vous faisiez à votre pauvre cerveau. Vous avez introduit un nouveau programme sans lire les petits caractères de l'accord de licence, et voilà que la nicotine s'est mise à imiter un neurotransmetteur, un peu comme si elle envoyait des messages en morse dans votre cerveau. Votre cerveau ne sait alors plus si c'est du plaisir, de la panique, de la détente, de l'excitation ou de la récompense. Il est totalement perdu.
Alors le « virus tabac » prend le contrôle de votre système de récompense et inonde votre cerveau de dopamine, l'hormone du bonheur. C'est comme si votre cerveau était devenu une machine à distribuer des récompenses, mais la seule récompense possible est une autre cigarette. Cela équivaut à tomber dans un piège vicieux où chaque émotion vous oblige à allumer une cigarette. Au début, votre cerveau vous fait croire que c'est agréable, excitant, et que vous en avez besoin. Puis, petit à petit, il vous enchaîne et vous ne pouvez plus vous en passer : c'est un match de boxe entre votre volonté pour vous débarrasser du virus et votre peur de vivre sans lui.
Si vous en êtes là, ne vous inquiétez pas, ce livre est là pour vous sauver de la tyrannie du « virus tabac ». Il est temps de réinitialiser votre cerveau et de lui donner un bon coup de dépoussiérage !

La méthode Acceptation Programmée® porte son nom à merveille, car elle a pour vocation de débarrasser votre « ordinateur cérébral » de ce virus malveillant et de procéder à une véritable opération de nettoyage.

LES DÉGÂTS : LE POIDS DE LA RÉALITÉ

Confrontons-nous à des faits incontestables. Malgré la dure réalité, il est essentiel de l'affronter. Commençons par quelques statistiques évocatrices (données de l'OMS, Organisation mondiale de la Santé).
La cigarette est un **fléau invisible, et les chiffres sont implacables.**

→ Chaque année, **plus de 75 000 personnes** meurent à cause du tabac en France.
→ Dans le monde, ce chiffre explose à **8 millions** de décès.

→ **Un fumeur sur deux** mourra des conséquences de leur tabagisme.
→ Et de surcroît, **1,2 million de personnes meurent simplement à cause du tabagisme passif.**

Même sans fumer, la cigarette tue. Elle tue les nourrissons qui respirent la fumée de leurs parents. Elle étouffe les femmes enceintes en provoquant des complications à l'accouchement. Elle empoisonne l'air, infiltrant des milliers de foyers innocents.

Mais tout cela, vous le savez déjà. C'est écrit en gros sur le paquet, entre une photo morbide et une mise en garde que plus personne ne lit.

Alors, parlons des ravages que vous ressentez vraiment. Ceux qui s'immiscent dans votre quotidien, bien avant le cancer ou l'infarctus.

UNE DESTRUCTION MÉTHODIQUE DU CORPS

Fumer n'est pas seulement un risque lointain, **c'est une lente dégradation, un sabotage quotidien**.

→ **Votre cerveau :** chaque cigarette augmente vos chances d'AVC (accident vasculaire cérébral). Le tabac bouche vos artères, reduit l'oxygène. Un jour, sans prévenir, il provoque une paralysie ou une perte de mémoire.
→ **Vos yeux :** la fumée détruit votre rétine, accélère la cécité. Voir flou ? Ce n'est pas uniquement dû à un manque de sommeil.
→ **Votre bouche :** des dents jaunes ? C'est un moindre mal. Car fumer détruit également vos gencives, ronge vos dents et peut transformer un simple aphte en cancer de la gorge.
→ **Vos poumons :** chaque bouffée de cigarette équivaut à faire entrer un peu moins d'air dans vos poumons. Vous toussez le matin ? C'est normal, ils sont en train d'étouffer. Emphysème, bronchite chronique, BPCO (bronchopneumopathie chronique obstructive)... derrière ces sigles barbares se cache une réalité : un jour, respirer ne sera plus un automatisme.
→ Et puis il y a **le cœur**, ce moteur inlassable. Le tabac l'épuise, le fragilise. Vous trouvez que vous êtes essoufflé en montant un escalier ? Ce n'est pas seulement l'âge. C'est le cœur qui fatigue, qui lutte. Jusqu'à ce qu'un jour, il s'arrête.

09 LE SYNDROME DU **STRESS DU FUMEUR**

Le « **stress du fumeur** », ça vous dit quelque chose ? Probablement pas ! Derrière cette expression se cachent plusieurs réalités. Lorsqu'on évoque les aspects négatifs de la cigarette, on pense souvent à l'odeur, aux problèmes de santé et aux dépenses financières. Mais en réalité, il y en a bien plus que ça ! Ce stress engendré par la cigarette prend différentes formes et cache une multitude de problèmes.

→ **La charge mentale :** être fumeur signifie avoir une charge mentale constante ! Imaginez le nombre de pensées quotidiennes liées à la cigarette : toujours s'assurer d'en avoir sur soi, anticiper les moments où fumer sera possible, être stressé à l'idée de longues réunions où cela ne sera pas permis, se préparer avant un voyage en avion, calculer le bon nombre de cigarettes avant chaque sortie, anticiper la première cigarette du matin en se levant, les moments où vous interrompez une conversation, voire expédier les enfants au lit pour profiter d'une pause cigarette... Et la liste continue. **Vous seriez étonné de découvrir que la cigarette se classe dans le top 3 de vos pensées quotidiennes. Elle est même peut-être le sujet n° 1 pour certaines personnes en termes de fréquence de pensées par jour !**

→ **La logistique :** fumer implique de devoir planifier et anticiper constamment. Avoir des cigarettes sur soi devient une préoccupation régulière, prioritaire sur tout le reste, ce qui influence et affecte fortement l'organisation quotidienne.

→ **L'épée de Damoclès :** vivre avec cette pression constante revient à avoir une épée de Damoclès au-dessus de la tête, menaçant de chuter à tout moment. **Vous jonglez entre deux choix : l'envie d'arrêter de fumer et l'envie de continuer à fumer.** Mais c'est là que réside le vrai problème, car ces deux alternatives génèrent une peur incessante. Si vous arrêtez de fumer, vous craignez que cela vous manque. Si vous continuez à fumer, vous craignez les conséquences du tabac sur votre vie. Cette dualité vous rend légèrement schizophrène et alimente votre charge mentale, déjà bien intense, avec des tas de questions qui affluent : est-ce le bon moment pour moi d'arrêter ? Vais-je y arriver ? Comment sera ma vie sans la cigarette ? Vais-je continuer à prendre du plaisir ? Toutes ces interrogations ajoutent un poids supplémentaire à votre charge mentale. De plus, vous n'êtes même pas totalement aligné avec votre statut de fumeur, car vous envisagez sérieusement d'arrêter.

→ **Le déclin physique :** bien sûr, nous savons tous que fumer nuit à la santé, et ce bien avant notre toute première cigarette pour être honnête. Ce n'est pas forcément cela qui nous pousse à arrêter. Se préoccuper des effets hypothétiques de la cigarette sur la santé, franchement vous vous en souciez peu. Mais observez plutôt ce que vous endurez quotidiennement sur le plan physique : vous êtes à bout de souffle au moindre effort, vous toussez à vous en décrocher les poumons, les glaires s'accumulent dans votre gorge, vous déposez peut-être votre expectoration dans le lavabo le matin, les rhumes vous collent à la peau en hiver… La moindre petite douleur persistante sur le cœur ou les poumons vous évoque directement la cigarette, au point même de faire des examens médicaux, avec l'appréhension des résultats qui génèrent une certaine angoisse avant même qu'ils ne soient donnés… Tout cela s'ajoute également à votre charge mentale.

→ **Le temps :** avez-vous pris le temps de calculer combien de temps vous consacrez à votre sport d'empoisonnement ? Il faut compter en moyenne de 5 à 6 minutes pour fumer une cigarette. En fumant par exemple 10 cigarettes par jour, cela équivaut à **1 heure par jour**… Une heure d'empoisonnement par jour, ça passe encore. Mais cela représente **7 heures d'empoisonnement par semaine !** Alors imaginez ceci : si vous vouliez pratiquer votre sport d'empoisonnement en une seule fois pour ne plus avoir à y penser et vous libérer le reste de la semaine, vous fumeriez pendant 7 heures sans pause, sans boire, sans manger. Certes, vous pourriez faire d'autres choses en même temps, comme être au téléphone, travailler, voir des amis…
En faisant le même calcul sur un mois, cela monte déjà à **plus de 24 heures**, soit une journée complète, matin, midi, soir et nuit com-

pris. **Sur une année, cela grimpe à 15 jours complets de sport d'empoisonnement.** Comme si vous ne dormiez pas pendant 15 jours. C'est énorme !
Et si vous fumez un paquet par jour, vous l'aurez compris, ces chiffres doublent : **14 heures par semaine, 2 jours entiers par mois et 1 mois complet par an, soit 1/12e de votre année consacrée à fumer !** Et c'est sans évoquer le temps nécessaire à la logistique : acheter des cigarettes, faire des kilomètres en voiture, mettre le manteau et sortir...

→ **L'argent :** parlons finances ! Avec un paquet qui coûte plus de 12 €, la cigarette représente une dépense conséquente. Si vous fumez un paquet par jour, vous dépensez plus de 360 € par mois. Sur une année, cela équivaut à une somme considérable, plus de 4 300 €.
Combien de fois avez-vous choisi la cigarette au détriment de choses qui semblaient essentielles, sacrifiant un repas de qualité pour une cigarette ? Préférez-vous vous priver d'un plaisir ou offrir à vos proches une petite attention ?

Le tabac vous dépouille de tout. Il prend votre temps, ruine votre santé, écrase votre libre arbitre et dicte chacune de vos décisions. Et le plus terrible ? Vous lui ouvrez grand la porte avec une extrême générosité en lui disant : « Prends tout. Détruis mon corps, dépouille-moi mentalement, sème la peur et le stress dans ma vie. Prive-moi de ma liberté. Et je vais même te donner mon argent pour ça ! » Bravo pour cette générosité sans faille !

Le poids du stress du fumeur est loin d'être insignifiant. Entre la charge mentale permanente, l'épée de Damoclès de la santé, la dépossession physique, la logistique contraignante, le temps perdu et l'argent dépensé, la facture est lourde. Chaque cigarette est un fragment de ce fardeau quotidien, un rappel constant de ce que cela coûte en termes de bien-être, de liberté et de possibilités futures. Cette note salée est un ensemble de sacrifices, une accumulation de stress et d'entraves qui affectent tous les aspects de votre vie, mais qui ont été banalisés dans votre quotidien, voilà pourquoi vous êtes consentant. Pourtant, il est possible d'alléger ce fardeau et d'en récolter les bénéfices en prenant la décision de s'en libérer. Mais je connais parfaitement ce frein en vous, ce tiraillement et cette lutte perpétuelle.

STRESS DU FUMEUR

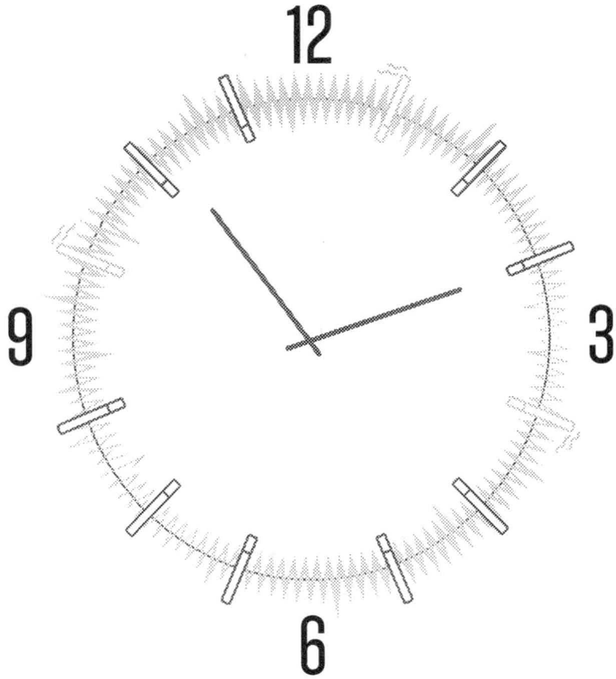

10 LES PEURS ET LE TIRAILLEMENT DU FUMEUR : **UNE LUTTE INTERNE PERMANENTE**

« Ma vie a été remplie de terribles malheurs, dont la plupart ne se sont jamais produits. » — Michel de Montaigne

LES PEURS

Arrêter de fumer ne signifie pas seulement abandonner une habitude. C'est aussi affronter des peurs profondément enracinées. Ces craintes sont réelles. Mais sont-elles fondées ?

→ **La peur de l'échec :** « Et si je n'y arrive pas ? Si je rechute encore une fois ? »

→ Chaque tentative vous apprend quelque chose. Vous avez déjà réussi à passer des heures sans fumer, pourquoi pas une journée ? Une semaine ?

→ **La peur du manque :** « Vais-je me sentir vide sans la cigarette ? Comment vais-je gérer mes émotions ? »

→ Ce n'est pas vous qui manquez de cigarette, c'est elle qui vous a programmé pour y croire. Dès que vous comprenez qu'elle ne comble aucun besoin réel, son emprise s'effondre.

→ **La peur de prendre du poids :** « Je ne veux pas compenser en mangeant, et si je prenais plusieurs kilos ? »

→ Ce n'est pas l'arrêt du tabac qui fait grossir, mais la compensation mal gérée. Avec les bonnes stratégies, vous resterez maître de votre corps, sans frustration ni kilos en trop.

→ **La peur de l'irritabilité et du stress :** « Si j'arrête, je vais être infernal, insupportable ! »

→ Ironie suprême : la cigarette augmente le stress. Une fois que vous en serez libéré, votre niveau d'anxiété diminuera naturellement.

→ **La peur de l'ennui :** « Que vais-je faire de mes mains, de mes pauses ? »

→ Vous faisiez déjà tout sans la cigarette, mais avec elle entre les doigts. Lire, boire un café, discuter... Rien ne disparaît, tout continue en mieux.

→ **La peur de perdre sa vie sociale :** « Et les soirées ? Et les discussions entre fumeurs ? Je vais me sentir exclu ! »

→ La vraie convivialité ne se fume pas. Vos amis resteront... Et vous découvrirez que certaines conversations sont bien plus intéressantes sans les injonctions de la cigarette.

Maintenant, plongeons dans la signification de la peur. **La peur est cette émotion ressentie généralement en présence ou dans la perspective d'un danger ou d'une menace.** Si un danger réel surgit, la peur est une réaction immédiate ! **Mais en prenant la décision d'arrêter de fumer, vous ne faites face à aucun danger réel et immédiat.** Vous anticipez les peurs évoquées ci-dessus. C'est un peu comme si votre cerveau lançait un film catastrophe imaginé de toutes pièces : il s'agit d'une peur d'anticipation ! Tout se joue dans votre tête, votre cerveau joue au cinéaste, concoctant des scénarios incluant les dangers qui n'existent pas et qui, franchement, ne verront probablement jamais le jour.

LE TIRAILLEMENT DU FUMEUR

Vous venez de calculer la note réelle du tabac au quotidien sur votre santé, votre temps, votre argent ainsi que toutes les peurs que suscite cette décision d'arrêter de fumer. Mais ce n'est pas ce qui vous empêche d'arrêter. Vous le savez déjà, depuis longtemps. Ce qui vous retient, c'est ce tiraillement incessant, ce combat intérieur entre deux voix qui n'en finissent pas de s'affronter.

D'un côté, il y a cette part de vous qui en a assez. Assez d'être esclave d'un paquet. Assez d'avoir cette odeur imprégnée sur les doigts, les vêtements. Assez de cette petite toux du matin, de ce souffle court qui rappelle que quelque chose ne tourne pas rond. Vous voulez arrêter. Pour votre santé, votre liberté, votre sérénité.

Mais d'un autre côté, il y a cette autre voix... celle qui refuse de lâcher. Celle qui vous murmure « J'aime fumer... Comment vais-je faire sans ? » Elle est ancrée profondément en vous, et pour cause : vous avez appris à croire que « fumer = solution ».

C'est cette voix qui vous souffle qu'une cigarette vous aidera à gérer un moment de stress, qu'elle accompagne vos pauses, qu'elle marque vos instants de détente, qu'elle vous réconforte après une journée compliquée. Qu'elle est là, fidèle, quand vous en avez besoin. Ce n'est plus seulement un geste, c'est devenu un pilier. Et c'est bien là le dilemme. D'un côté, vous souhaitez vous libérer. De l'autre, vous craignez de perdre.

UN COMBAT ENTRE DEUX PEURS

Être fumeur revient à vivre en équilibre instable, à jongler en permanence entre deux peurs :

→ **La peur d'arrêter**
→ **La peur de continuer**

Chaque cigarette est un dilemme. Vous fumez, et vous culpabilisez. Vous imaginez arrêter, et vous paniquez. Vous êtes constamment tiraillé entre ces deux pensées opposées. C'est cette charge mentale invisible qui pèse sur vous tous les jours.

Et pourtant la cigarette est supposée vous détendre... mais en réalité, elle entretient ce stress. Vous vivez un cercle vicieux sans fin.

→ Vous vous rendez à une soirée. Vous profitez du moment, vous discutez... mais au fond, une pensée parasite tourne en boucle : « Quand vais-je pouvoir aller fumer ? »
→ Vous terminez une réunion, et vous avez hâte d'aller en griller une... Mais dès la première bouffée, vous pensez déjà à la suivante.
→ Vous vous réveillez le matin, et avant même d'ouvrir les yeux votre première pensée va vers la cigarette.

Pas vraiment la liberté, n'est-ce pas ? Ce duel intérieur génère une tension permanente, un conflit entre la raison et le confort, entre la volonté de se libérer et le besoin de rester dans le connu, le familier, le rassurant. Et c'est là la vraie illusion. Une illusion savamment entretenue. Fumer n'a jamais été une solution. C'est le problème qui se fait passer pour la solution.

Si vous avez autant de mal à imaginer la vie sans cigarette, c'est parce qu'elle est partout. Insérée dans chaque moment clé de votre journée.

Elle vous réveille avec le café du matin.
Elle marque la fin d'un repas.
Elle accompagne vos instants de convivialité.
Elle vous rassure dans les moments de stress.
Vous avez été conditionné à voir la cigarette comme une solution, alors qu'en réalité, elle est le déclencheur d'un problème qui n'existait même pas avant elle.

> **Votre cerveau anticipe des dangers imaginaires : prise de poids, échec, vide, isolement… Il devient cinéaste et crée des scénarios catastrophiques. Pourtant, face à l'arrêt, il n'y a aucun danger réel, juste la peur de l'inconnu. Mais l'inconnu n'est pas un mur, c'est une porte. Il ne demande pas du courage. Il demande simplement un premier pas.**

PARTIE III

POURQUOI FUMEZ-VOUS ?

11 LES HABITUDES ET LES ÉMOTIONS

Vous fumez pour deux raisons, et celles-ci sont toujours les mêmes : vos habitudes et vos émotions !

Les habitudes rythment votre journée. Chaque cigarette a sa place précise : au réveil, après le café, pendant la pause du matin, après le repas, lors des moments de repos ou de réflexion. Ces cigarettes-là, vous les connaissez par cœur. Elles suivent un emploi du temps aussi stable qu'une horloge.

Puis viennent les émotions. Qu'elles soient négatives ou positives, elles influencent directement votre consommation. **Plus l'émotion est forte, plus le besoin de fumer s'intensifie.** Sous le coup d'un stress, d'un choc, d'une contrariété ou au contraire d'une grande joie, d'une fête ou d'un moment de bonheur, le réflexe est le même : allumer une cigarette.

> **C'est pourquoi, lors des périodes difficiles ou des soirées animées, vous fumez comme un pompier.**

Mais ces deux raisons ne sont que des symptômes visibles. Elles n'expliquent pas réellement pourquoi vous fumez. Pour le comprendre, il faut aller plus loin, plus en profondeur.

Derrière chaque cigarette, deux mécanismes puissants se sont installés sans que vous en ayez conscience :

1. Le formatage. Vous avez appris, directement ou indirectement, que « fumer = solution ». Fumer serait ainsi une solution pour régler un problème ou pour intensifier un plaisir.

2. Le conditionnement. Il a transformé cette idée en réflexes automatiques. Désormais, chaque habitude et chaque émotion activent un programme intérieur qui vous pousse à fumer, que vous le vouliez ou non.

12 PREMIÈRE ÉTAPE : LE FORMATAGE DU CERVEAU À PENSER « FUMER = SOLUTION »

Il est temps de secouer un voile d'illusion et de voir la vérité en face : les fumeurs sont comme des zombies endormis, manipulés par un virus de dépendance. Ils marchent en somnolant, obnubilés par des habitudes qui leur dérobent leur liberté et leur vitalité. Ce qu'ils perçoivent comme une source de confort est en réalité une entrave subtile à leur autonomie.

Il est grand temps de vous réveiller de cette torpeur. Le monde du tabac est un piège sophistiqué, et il est essentiel de prendre conscience de cette manipulation pour enfin échapper à ce cycle destructeur. L'heure est venue d'éveiller votre conscience !

Vous avez probablement de nombreuses croyances autour de la cigarette. Il est donc temps de répondre à cette fameuse question : pourquoi je fume ? Si je vous posais cette question, je suis convaincue que vous seriez incapable de m'expliquer réellement pourquoi. Peut-être allez-vous me dire que vous fumez pour vous détendre, pour gérer votre stress ou pour prendre du plaisir. Parfait, au moins vous savez dans quel contexte vous fumez. Mais est-ce vraiment la réponse ? Eh bien non !
Avez-vous déjà médité sur l'origine de ces croyances profondément enracinées qui entourent la cigarette ? Qui donc vous a persuadé qu'elle renforce les liens sociaux, améliore la concentration, favorise la digestion ou vous aide à gérer le stress ? Ces convictions semblent universelles, mais vous demandez-vous si elles sont réellement le fruit de vos propres expériences ?

LE FORMATAGE DIRECT

Bien avant de faire vos propres choix, vous avez été imprégné des habitudes de votre entourage. Peut-être qu'un grand frère fumait dans sa chambre et que vous l'admiriez. Ou un oncle, une tante, un ami de la famille, que vous observiez partir fumer après le repas, comme s'il s'agissait d'un moment spécial, d'adulte, presque sacré. Peut-être que vos parents fumaient dans la cuisine en parlant du travail, ou devant la télé, un cendrier toujours à portée de main. C'était banal, quotidien, et personne ne s'en cachait. Vous avez grandi dans un décor où la cigarette faisait partie du paysage, parfois omniprésente, parfois plus discrète, mais jamais absente. Ces détails répétés, ancrés dans votre quotidien, ont façonné votre vision du tabac bien avant que vous n'en allumiez une, par simple imprégnation, silencieuse mais constante.

LE FORMATAGE INDIRECT

Et puis vient le rouleau compresseur culturel. Celui qu'on ne voit pas venir… et qui, sans crier gare, vous balance un trois tonnes dans la figure. Dès l'enfance, nous avons été abreuvés d'images où fumer signifiait puissance, sensualité ou liberté. Films, séries, pubs mythiques : le message persiste, déguisé. Ces scènes créent du désir, des associations, façonnant notre vision du tabac bien avant notre première cigarette.

Votre cerveau a absorbé une quantité impressionnante d'informations, vous soumettant au poids d'une mauvaise éducation et à son emprise.
Formatage direct : la famille, des amis, des personnes plus ou moins éloignées en lien avec la cigarette.
Formatage indirect : les films, les séries, les publicités…

DES SOUVENIRS QUI EN DISENT LONG…

Qui se souviens des **cigarettes en chocolat** ? Et celles imitant les vraies lorsque vous vous déguisiez ? Personnellement, il m'arrivait souvent que mes parents ou grands-parents me donnent des paquets de cigarettes en chocolat. C'était pour moi un moment agréable, car cela me permettait d'imiter les adultes ! J'avais aussi cette fameuse cigarette factice qui émettait un léger voile de fumée. Je me suis beaucoup amusée avec ! Ces produits placent subtilement les graines du futur tabagisme. Il n'est donc pas étonnant que

l'OMS (Organisation mondiale de la Santé) ait alerté sur le fait que les cigarettes en chocolat peuvent induire un comportement mimétique chez les enfants, doublant ainsi la probabilité qu'ils deviennent fumeurs une fois adolescents ou adultes, indépendamment du tabagisme de leurs parents.
Imaginez un enfant observant son grand frère ou un adulte qu'il admire en train de fumer. Avec le temps, il finit par adopter cette habitude. Ce genre d'influence crée une sorte de « mode automatique » où les croyances courantes sur la cigarette sont assimilées sans trop y réfléchir. Ces idées, rarement remises en question, s'incrustent profondément et deviennent presque sacrées. Bientôt, l'idée que fumer aide à se détendre, évite de prendre du poids, améliore la concentration et facilite les interactions sociales est acceptée comme une évidence par beaucoup d'entre nous.

UNE EXPÉRIENCE MENTALE QUI CHANGE TOUT

Afin d'étayer mes propos, permettez-moi de vous inviter à réaliser une expérience mentale amusante : imaginez que je sonne à votre porte pour vous proposer un produit. Je suis pleinement consciente que ce produit est nocif et potentiellement mortel, qu'il n'a aucune valeur pour votre bien-être.

→ Ce produit va vous priver peu à peu de libre arbitre et vous allez devoir répondre à la moindre de ses injonctions prochainement.

→ Il prendra beaucoup de votre temps.

→ Il affaiblira considérablement votre système immunitaire, vous exposant à des risques accrus pour votre santé.

→ Progressivement, il vous privera de votre souffle, même lors d'activités physiques minimes.

→ Vous serez tourmenté par une haleine persistante et désagréable.

→ Votre teint se ternira et votre apparence physique perdra de son éclat.

→ Il videra méthodiquement vos poches, vous laissant financièrement affaibli.

→ Vous paraîtrez plus âgé que vous l'êtes réellement, comme si le temps s'était soudainement précipité.

→ Vous aurez de sérieux risques de dommages collatéraux autour de vous.
→ Vous vivrez avec des peurs semi-permanentes.
→ Surtout, ce produit accroîtra de manière significative la probabilité de mourir d'une maladie lente et douloureuse.
→ ...

Si je vous exposais ces inconvénients, il est évident que vous ne seriez nullement intéressé par mon produit, voire que vous me chasseriez immédiatement de chez vous. Pourtant, ma mission est de vous vendre ce produit, car son acceptation rapporterait des bénéfices financiers colossaux. Pour ce faire, je dois élaborer une liste d'avantages convaincants pour encourager l'achat, tout en dissimulant habilement les inconvénients.

Alors, permettez-moi de retenter ma chance.
Me voici à votre porte une seconde fois, effaçant de votre esprit tout ce que je viens de vous dire. Cette fois, je vous présente mon produit sous son meilleur jour :
→ Ce produit vous permettra d'avoir plus de confiance en vous.
→ Vous saurez mieux vous affirmer.
→ Vous pourrez créer du lien facilement.
→ Vous aurez un profond sentiment d'appartenance à un groupe.
→ Vous aurez meilleure allure et plus de contenance.
→ Vous saurez mieux gérer votre stress.
→ Vous vous sentirez profondément libre.
→ Vous vous sentirez soutenu lors des moments difficiles.
→ Il comblera l'ennui, tel un ami fidèle.
→ Vous saurez faire face à tous les aléas de la vie.
→ Il intensifiera tous les plaisirs de la vie.
→ ...

Ces arguments séduisants, habilement conçus par l'industrie du tabac, vous incitent à fumer. Ils ont le pouvoir de **faire taire votre esprit critique**, transformant ainsi des millions d'individus en victimes de la soif de profit. Vous avez maintenant pleinement embrassé l'adage **« fumer = solution »**, et ces arguments exercent une véritable magie noire sur votre esprit.

« Je vais mal, fumer est la solution pour aller mieux !
Je suis stressé, fumer est la solution pour gérer mon stress.

J'ai besoin de me concentrer, fumer est la solution pour activer ma concentration.
J'ai besoin de prendre du recul, fumer est la solution pour faire une pause... »

Bref, pour la fumeuse ou le fumeur, fumer est toujours une solution pour tout !
Cependant, il est impératif de reconnaître que la réalité est tout autre.

Soyez honnête :
Ressentez-vous moins de stress depuis que vous fumez ?
Vous sentez-vous réellement libre avec cette dépendance constante ?
Vos problèmes ont-ils disparu grâce à la cigarette ?
Non. Avez-vous plus confiance en vous ? J'imagine que là non plus. Si c'était le cas vous devriez être des cadors de la confiance depuis le temps que vous fumez ! Pourquoi ? Parce que fumer n'a jamais été une solution.

LES BÉNÉFICES SECONDAIRES

Le plus amusant dans tout ça est q**u'au départ vous n'avez pas été attiré par la cigarette pour le produit en lui-même**. Les premières bouffées étaient franchement mauvaises pour la plupart d'entre vous, mais vous avez continué surtout pour ces arguments séduisants mis en avant : se donner un style, s'affirmer, faire partie d'un groupe, se donner une contenance... C'est ce qu'on appelle les **bénéfices secondaires**. Et si vous continuez à fumez c'est juste parce que vous avez peur de perdre l'accès à tous ces soi-disant bénéfices, qui eux ne relèvent que du monde des histoires !

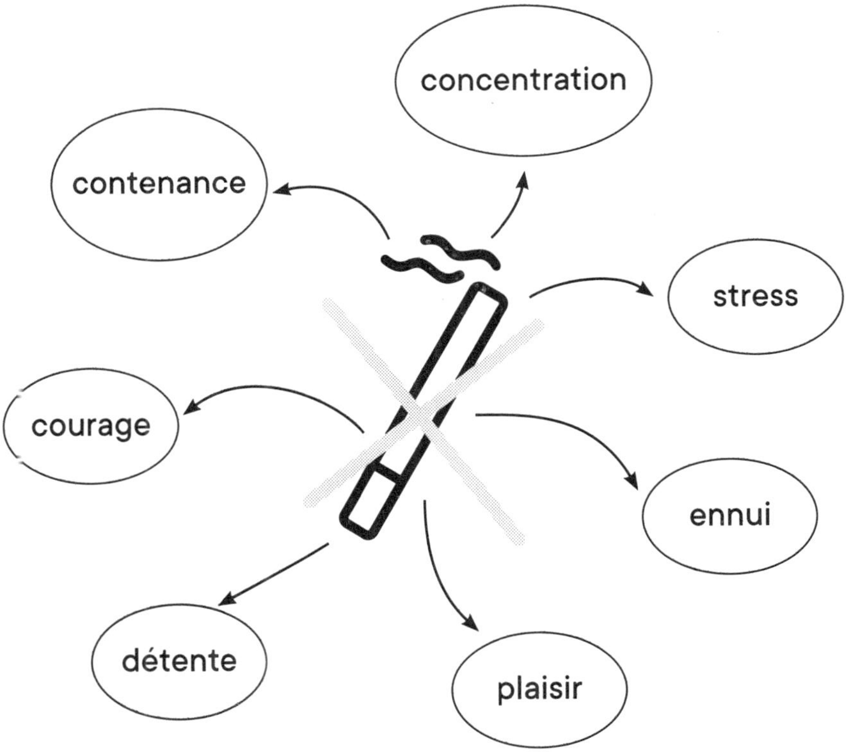

LE PAQUET COLORÉ : LA DÉMONSTRATION IMPLACABLE

Laissez-moi vous emmener encore plus loin dans cette réflexion. Imaginez que je prenne un paquet de cigarettes et que je colorie chaque embout du filtre avec 20 couleurs différentes, une pour chaque situation où vous allumez une cigarette. Cela inclut ces moments où vous êtes stressé, ennuyé, où vous souhaitez faire une pause, vous concentrer, vous détendre, trouver du courage, vous récompenser après avoir accompli quelque chose, accompagner un verre, un café, vous donner de la contenance, digérer après un repas, décompresser pour marquer la transition entre le travail et la détente, trouver un moment à vous, réfléchir, après un câlin, en voiture, au téléphone, et bien d'autres encore.

Maintenant, associez une couleur différente à chaque situation :

→ Vous allumez une cigarette pour vous détendre ? ® Bleu
→ Une cigarette pour faire une pause ? ® Rouge
→ Besoin de vous concentrer ? ® Orange
→ Avec un café ? ® Vert
→ Un verre entre amis ? ® Violet

Imaginez maintenant la scène. Je tiens ce paquet coloré entre mes mains et, avec un sourire en coin, je vous pose la question : « Allumez-vous une cigarette pour vous détendre ? ». Si votre réponse est oui, je soulève légèrement la cigarette bleue du paquet. Puis, sans vous laisser le temps de réfléchir, j'enchaîne :
« Et pour faire une pause ? » La cigarette rouge se lève.
« Pour vous concentrer ? » La cigarette orange.
« Pour accompagner un café ? » La cigarette verte.
« Pour réfléchir ? Pour célébrer quelque chose ? Pour calmer un stress ? Pour meubler un silence ? », etc.
À chaque question, une cigarette se soulève avec sa couleur associée. Et là, soudain, tout le paquet flotte en l'air.
Maintenant que vous réalisez qu'elles sont toutes soulevées dans le paquet, rendez-vous compte à quel point finalement vous fumez tout le temps, pour tout et son contraire !

Et permettez-moi de vous dire : « Attention à bien choisir la cigarette à l'embout rouge si vous voulez prendre une pause, car si par mégarde vous prenez celle à l'embout orange, vous risquez de ne pas obtenir le même effet... ce qui serait vraiment dommage ! Être obligé de devoir se concentrer alors que vous n'aviez envie que d'une chose : vous détendre... » Je devine déjà quelques sourires qui se dessinent. Et pour ajouter une touche d'humour, je vais aller encore plus loin en vous disant : « D'ailleurs, attention vous n'avez qu'une seule cigarette concentration dans le paquet donc choisissez bien le moment où vous voulez vous concentrer dans la journée ! Il n'y a qu'une et il ne faudrait pas se tromper ! »

Tout cela ne semble-t-il pas un peu ridicule lorsque je le présente ainsi ? Plutôt comique, n'est-ce pas ? Cela vous donne envie de sourire ? Bien sûr, je sais que vous ne faites pas attention à la cigarette que vous choisissez dans le paquet. Mais il est amusant de voir que toutes ces cigarettes complètement identiques sont censées répondre à des attentes totalement différentes, voire opposées. Stress/détente, ennui/concentration, vous fumez dans les deux cas et ainsi de suite...

Le plus fou dans tout ça ? C'est que la cigarette, en réalité, n'a aucun de ces pouvoirs. Elle ne calme pas. Elle ne détend pas. Elle ne rend pas plus sociable, ni plus concentré, ni plus cool. C'est vous qui lui avez attribué ces rôles. Ou plutôt... c'est ce qu'on vous a conditionné à croire.

L'industrie du tabac, avec ses messages subtils et ses représentations omniprésentes, vous a appris que la cigarette pouvait apaiser, consoler, accompagner. Et vous avez fini par y croire.

Mais soyons clairs : toutes les cigarettes sont les mêmes. Même goût, même composition, même effet chimique.

Alors pourquoi fumer dans la joie, dans la tristesse, dans le stress ou dans la détente ? Pourquoi certains y voient un refuge, d'autres une récompense et d'autres encore un geste social ?

Parce que ce n'est pas la cigarette qui change... c'est ce que vous projetez sur elle.

→ La vraie réponse est là : c'est VOTRE VIE qui décide de leur fonction, avec vos expériences, vos émotions et vos croyances.

Elle n'a aucun pouvoir en soi. C'est vous qui l'avez investie d'une fonction qu'elle n'a jamais eue.

Vos pensées ont été sculptées, vous dictant comment aborder l'idée de fumer ou même de vapoter. Votre esprit est désormais profondément formaté avec la formule magique « fumer = solution ».

Considérez votre âge comme le nombre d'années d'éducation positive à la cigarette (fumer = solution) que vous avez reçues. Le poids de cette éducation et de ce formatage est immense, extrêmement lourd. Même en étant conscient que « fumer = problème », votre cerveau a été influencé par des décennies d'éducation positive à la cigarette. Cette influence perdure encore aujourd'hui à travers les séries télévisées et les films, où la cigarette continue d'être mise en avant de manière plus subtile mais puissante.
Apparemment, sans elle, la vie serait fade, insipide, triste. Un verre sans cigarette ? Impensable, n'est-ce pas ?
Alors, chers fumeurs, vous êtes privilégiés et chanceux. Parce que moi, qui ne fume pas, je suis condamnée à ne jamais faire de pause, à ne jamais réussir à me concentrer, à ne jamais être courageuse ni même à créer du lien. Sans la cigarette, ma vie doit être bien terne.
Eh oui, vous avez raison... à tel point qu'il vaudrait peut-être mieux arrêter de vivre, plutôt que de renoncer à inhaler un pot d'échappement toute la journée !
Ironique, n'est-ce pas ? Et pourtant, c'est exactement la croyance absurde que l'industrie du tabac a réussi à ancrer dans les esprits. Ce formatage est tellement puissant qu'il est le déclencheur de vos rechutes ! Plus tard dans ce parcours, nous explorerons cette influence de manière plus approfondie.

En ouvrant les yeux sur le rôle réel de la cigarette et en réalisant à quel point les histoires que vous vous racontez sur ses prétendus bienfaits ont influencé vos croyances, vous commencez à voir pourquoi vous avez été sous son charme malgré ses inconvénients évidents. C'est comme démasquer un illusionniste ! **Cette prise de conscience marque le premier pas vers la remise en question de ces croyances illusoires et vers la possibilité d'une vie sans tabac.**

13 DEUXIÈME ÉTAPE : LE PIÈGE DU CONDITIONNEMENT ET SON POUVOIR

Passons maintenant à la seconde étape permettant de finaliser la réponse à la question « pourquoi je fume ? » Vous voilà pris au piège des histoires que les industriels du tabac vous ont inculquées, transformant ces récits en croyances bien ancrées qui alimentent votre consommation de cigarettes. Le problème est le suivant : maintenant que le « virus cigarette » est présent en vous, il s'y installe solidement et mute jusqu'à avoir une emprise totale.

L'INSTALLATION DU CONDITIONNEMENT

Dès l'instant où vous avez écrasé votre première cigarette, le système s'est activé : votre cerveau a enregistré le message « fumer = solution ». Cette équation se répète à chaque émotion forte, doute, ennui, stress ou joie. Le parasite mental s'installe, trouve une faille et prend le contrôle. Il réécrit les règles, dirige vos gestes et devient le metteur en scène, vous reléguant au rôle d'acteur d'un scénario répétitif : fumer pour calmer, gérer, ponctuer, exister. Vous n'êtes plus un simple fumeur : vous êtes devenu un athlète du « sport de fumer ». Soyons honnêtes : avec un tel dévouement pour une activité saine, vous seriez un champion incontesté dans votre catégorie !

Avec le temps et la répétition, l'acte de fumer devient habitude. Vous répétez les mêmes gestes et les mêmes inhalations encore et encore. Vous créez des associations entre la cigarette et votre café du matin, un verre de vin en soirée, ou encore le stress, qui est inévitablement suivi d'une cigarette.
Le virus agit sur votre système de récompense, au point que chaque émotion, qu'elle soit positive ou négative, est dès lors liée au virus. Que vous ayez subi une mauvaise journée au travail, que vous soyez déprimé ou que vous ayez passé une soirée bien arrosée, vous associez tout à la cigarette. Il vous est désormais impossible de ressentir vos émotions sans elle. Le virus a muté en

vous pour vous contraindre à vous conformer à sa loi. **Vous êtes conditionné.**
Et pour ceux qui vapotent, le schéma est identique

Vous comprenez que vos émotions jouent un rôle capital dans votre consommation ainsi que vos habitudes. Vous voilà dorénavant astreints à participer à ce « sport de fumer » à chaque situation de vie !

QU'EST-CE QU'UN CONDITIONNEMENT ?

Le conditionnement est la procédure par laquelle on établit un comportement nouveau chez un être vivant, en créant un ensemble plus ou moins systématique de réflexes conditionnels correspondant à des critères bien définis.

Le principe d'un conditionnement revient donc à être obligé de faire quelque chose même si l'on n'a pas envie de le faire.

Petite question : **combien de cigarettes fumez-vous par jour alors que vous n'en avez pas réellement envie ?** Beaucoup, n'est-ce pas ? Au moins la moitié, si ce n'est les trois quarts du paquet. Le même schéma est en œuvre pour la cigarette électronique. En revanche, pour celle-ci, la perversion est d'autant plus grande, car il existe une véritable perte de repère temporel et contextuel. En effet, un vapoteur vapote tout le temps. Son activité n'est plus rythmée par la fin d'une cigarette.
Regardez à quel point vous êtes conditionné : vous êtes capable de me citer toutes vos cigarettes et dans l'ordre de la journée, vous les connaissez par cœur !

Vous fumez à cause de vos HABITUDES et de vos ÉMOTIONS ! Vous avez intégré le formatage « fumer = solution » et désormais vous êtes piégé(e) dans vos conditionnements.

COMMENT AGIT LE CONDITIONNEMENT ?

Les êtres humains sont guidés par deux principes fondamentaux :
→ **la recherche du plaisir ;**
→ **l'évitement de la douleur.**
Ces deux concepts sont cruciaux. Naturellement, nous nous tournons vers ce qui nous procure du bien-être, vers la recherche de plaisir, tandis que nous cherchons instinctivement à nous éloigner des situations douloureuses, par évitement de la douleur.

Pour illustrer ces principes, prenez en exemple une cigarette que vous aimez particulièrement fumer au cours de la journée, que ce soit la première du matin, celle qui accompagne le café, celle après un repas ou encore celle que vous fumez en buvant verre. Immergez-vous pleinement dans cet instant et imaginez la scène se dérouler sous vos yeux, celle du café du matin par exemple. Vous vous êtes servi votre café, vous aviez l'intention de vous allumer votre cigarette, mais vous n'avez pas de cigarette ! Vous allez me dire : « Impossible, cela ne m'arrive jamais ! » En effet, les fumeurs sont bien prévoyants. Cependant, imaginez quand même la situation : plus de cigarette ! Comment vous sentez-vous ? Irrité, agacé, frustré, mal à l'aise, n'est-ce pas ? Ça fait mal, hein ? Je sais aussi que votre première action sera de vous débrouiller pour trouver une solution afin d'obtenir le plus rapidement cette cigarette.

Mais sur l'instant, vous vivez une douleur. C'est à ce moment précis que votre cerveau associe l'information **ABSENCE DE CIGARETTE = DOULEUR**. En temps normal, cette cigarette doit être là, et si elle n'est pas là, vous ressentez de la douleur.
Comme je vous l'ai dit, vous n'aimez pas avoir mal ! Les êtres humains sont intrinsèquement programmés pour éviter la douleur, et vous ne faites pas exception. Vous ferez tout en votre pouvoir pour éviter de ressentir cette douleur. Comment ? Vous la contournerez en allumant une cigarette. Voilà pourquoi vous continuez de fumer, même si vous n'en avez pas vraiment envie. Vous êtes piégé dans vos

conditionnements, qui imposent maintenant de devoir fumer cette cigarette ! Vous êtes obligé de répéter sans cesse cette action. Ironique, n'est-ce pas ?

Vous ne vous tournez jamais vers une cigarette dans le but de rechercher du plaisir, mais pour avoir à éviter la douleur de son absence.

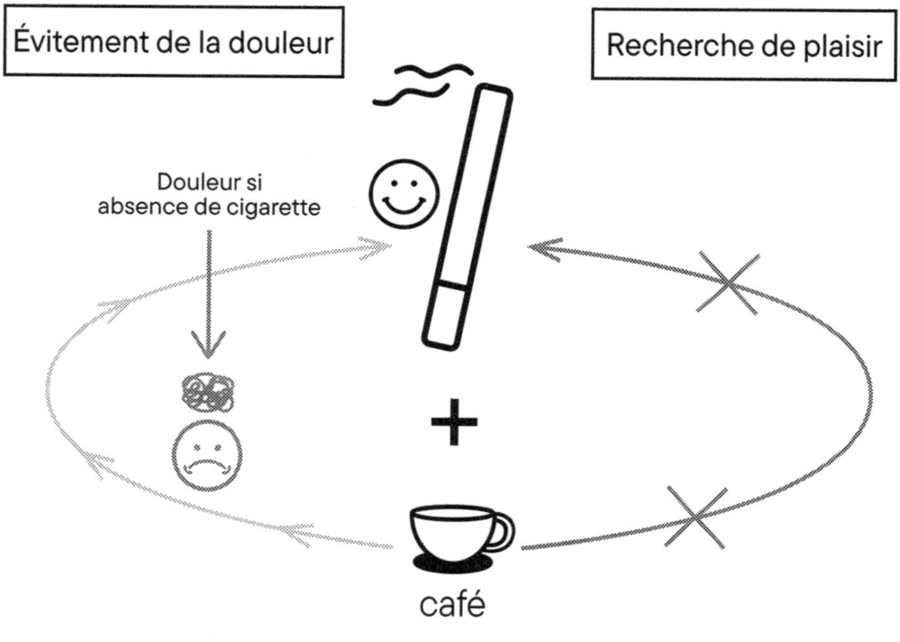

Cependant, la douleur peut être un puissant moteur pour agir. Dans la grande majorité des cas, c'est la douleur qui nous stimule afin de mettre en place des changements. Prenez le temps de faire le point. Si vous lisez ce livre, c'est justement parce que vous ressentez la douleur de vivre une vie de fumeur. Aujourd'hui, les inconvénients de la cigarette deviennent plus forts que ce prétendu plaisir de fumer.

Imaginez être épanoui professionnellement. Vous êtes heureux et stimulé, tout se passe bien. Dans ces conditions, pourquoi voudriez-vous changer ce qui existe déjà et vous satisfait ?
Imaginez-vous maintenant malheureux professionnellement. Vous n'aimez pas ce que vous faites et subissez une ambiance de travail néfaste. Ici, il y a davantage de chances que vous décidiez un jour de quitter votre travail pour trouver l'épanouissement.
Ainsi, la douleur est davantage le moteur de changement et d'action. Encore faut-il qu'elle soit suffisamment puissante, car si ce n'est pas le cas, le changement laissera place à l'inaction.

> *« Le secret de la réussite est d'apprendre à se servir de la douleur et du plaisir, au lieu de laisser la douleur et le plaisir se servir de vous. En agissant ainsi, vous contrôlez votre vie. Sinon c'est votre vie qui vous contrôle. »*[1] *– Anthony Robbins*

L'ILLUSION DU PLAISIR DE FUMER : LE VÉRITABLE PIÈGE

Le plus ironique dans tout cela, c'est que vous n'avez jamais commencé à fumer **pour la cigarette elle-même**. Vous ne l'avez pas aimée à la première bouffée. Vous ne l'avez pas trouvée agréable. Vous n'en aviez même pas besoin.
Et c'est là que l'industrie du tabac a été brillante : **elle vous a vendu une illusion. Elle ne vous a pas vendu un produit, elle vous a vendu une histoire et des croyances.** Une histoire où la cigarette vous aide à gérer le stress. Où elle accompagne vos moments de détente. Où elle vous donne une contenance, un rôle, une place. Mais ce n'était jamais vrai.

Revenons un instant sur un moment clé : celui où, après une période d'arrêt, vous avez rallumé une cigarette. Vous en souvenez-vous ? Avez-vous trouvé la cigarette agréable ? Délicieuse ? Satisfaisante ? Non. Elle vous a fait tourner la tête, son goût était infect et sa fumée vous a irrité la gorge. Peut-être même avez-vous toussé. Exactement comme lors de votre toute première cigarette, et pourtant vous avez continué. Pourquoi ? Parce que ce n'était pas le produit qui vous attirait, mais bien l'histoire que vous vous racontiez autour d'elle.
« Mais si, je fume par plaisir ! », me direz-vous. Ah oui, vraiment ?

---

1 Anthony Robbins, *Pouvoir illimité*, Éditions J'ai lu, 2002

Il est temps de saisir une vérité essentielle : **vous ne fumez pas par plaisir**. Cette cigarette que vous allumez en soirée, entouré d'amis, celle que vous associez à la détente et à la convivialité, ne procure pas réellement du plaisir. Ce qui vous pousse à la fumer, ce n'est pas son goût ni son effet, mais l'automatisme ancré en vous.

Votre cerveau a conditionné l'équation « verre = cigarette », « pause = cigarette », « détente = cigarette ». Ainsi, lorsque l'un de ces moments survient, il réclame sa présence. Et si vous ne fumez pas, ce n'est pas un manque de plaisir que vous ressentez, mais une sensation de privation, un vide inconfortable. Vous ne fumez pas pour vous réjouir, vous fumez pour ne pas ressentir le malaise de l'absence de cigarette.
Bien sûr, l'instant en lui-même est agréable. Mais c'est le contexte, les personnes, l'ambiance qui le rendent plaisant, pas la cigarette. Elle ne fait que s'incruster dans ces moments, vous donnant l'illusion qu'elle en est la source.

Pour bien comprendre cela, prenons pour exemple deux situations différentes :
→ Vous attendez le bus et vous vous ennuyez. Bien sûr, vous avez pris l'habitude d'allumer une cigarette lorsque vous vous ennuyez !
→ Vous êtes assis à une terrasse de café avec des amis et vous buvez un verre. Un moment agréable où cette cigarette paraît indispensable.
Entre ces deux cigarettes, laquelle pouvez-vous retirer facilement s'il fallait n'en choisir qu'une ? La grande majorité des gens choisit celle du bus. Et pourtant, il s'agit de la même cigarette, du même produit, non ? Alors pourquoi êtes-vous capable d'en éliminer une plus facilement qu'une autre ? Tout simplement parce que la situation du bus est moins plaisante que celle du moment entre amis. Ce qui prouve que **ce qui donne de la valeur à la cigarette est en lien direct avec la situation**. La situation du bus est tout simplement moins agréable que la situation du moment entre amis, donc plus facile à éliminer s'il fallait choisir. **Au cours d'une journée, vous vivez des situations bien plus plaisantes que d'autres, d'où l'illusion de fumer par plaisir dans ces moments.** Mais ne vous méprenez pas : vous fumez surtout cette cigarette dite « plaisir » pour éviter une

douleur encore plus intense comparée à d'autres moments moins agréables dans votre journée. Vous agissez toujours en fonction du conditionnement.
C'est la raison pour laquelle **le « virus cigarette » contrôle vos pensées et vous dépouille littéralement !** Il prend possession de vous. Vous n'avez plus d'emprise sur le temps, l'argent, la santé, l'énergie, le bien-être. Vous n'avez tout simplement plus de libre arbitre, vous lui donnez tout.

Voici l'effet pervers : la cigarette vous dépossède tout en apparaissant comme la **SAUVEUSE** de chaque situation. Elle se manifeste tel un **BOURREAU** dans votre vie, et vous en êtes la parfaite **VICTIME.** Elle vous maltraite et vous la choyez en prétendant à qui veut l'entendre que vous aimez ce qu'elle vous fait faire, que vous aimez fumer.

Vous l'avez bien compris, mais il est indispensable de le répéter : vous fumez parce que vous êtes conditionné à fumer. Vous n'avez nul autre choix que d'allumer cette cigarette avec votre café du matin ou après un repas... Pourquoi ? Parce que l'habitude s'est installée ! Vous savez que si vous ne l'allumez pas, vous psychoterez, vous ne pourrez pas lâcher prise et vous ressentirez une douleur. Vous mettrez tout en œuvre pour trouver un moyen de la fumer.

Qui a dit qu'un fumeur n'avait pas de volonté ? Vous êtes prêt à payer le prix fort votre paquet ou même à faire des kilomètres pour en trouver ! Une fois cette cigarette fumée, vous pouvez enfin passer à autre chose. Une drôle idée de la liberté !

14 LE DOUDOU AFFECTIF

La puissance du conditionnement enraciné en vous vous amène maintenant à nier la réalité et à vous convaincre que la présence du « virus cigarette » est justifiée. L'impact du conditionnement, agissant sur vos habitudes et vos émotions, se transforme progressivement en une véritable dépendance psychologique.
Avoir un paquet de cigarettes sur vous vous rassure et vous apaise. Répondre à l'impératif de la cigarette devient plus important que l'effet qu'elle produit sur votre cerveau.
Qui n'a jamais ressenti l'angoisse du dimanche soir sans cigarette ? Vous éprouvez alors le besoin impérieux d'en acheter, mobilisant votre volonté pour vous en procurer. Même si vous ne fumez pas ce fameux dimanche soir, le simple fait de savoir qu'un paquet est à portée de main vous rassure. En son absence, vous vous sentez perdu et obsédé par ce manque, provoquant un profond malaise. Sa présence est devenue indispensable. Autrement dit :

→ vous vous sentez rassuré lorsque la cigarette est là ;
→ vous vous perdez et vous vous sentez désemparé lorsqu'elle est absente.

LA PUISSANCE DE LA VALEUR AFFECTIVE

Dès lors que vous avez été formaté à penser « fumer = solution » et que vous avez été pris au piège dans vos conditionnements, un autre biais émotionnel s'installe : la valeur affective.

Examinons la puissance de la valeur affective avec une petite expérience mentale. Imaginez cette scène : vous n'avez pas pu vous brosser les dents avant d'arriver au travail ou dans un endroit fréquenté. Comment vous sentez-vous ? Plutôt gêné, non ? Un soupçon d'inconfort vous chatouille. L'idée de votre haleine non rafraîchie vous titille l'esprit tout au long de la journée et par moments de façon plus insistante que d'autres. Entre deux tâches, elle se faufile, vous faisant frémir à chaque rappel.
Imaginez même qu'un collègue vous fasse une confidence chuchotée à l'oreille... d'un peu trop près. Ne pensez-vous pas que la gêne va être plus intense pile à ce moment-là ? Vous l'admettez, le malaise atteint son comble, n'est-ce pas ? Vous oscillez entre ces moments de gêne à des intensités variables au fil de la journée. Puis arrive enfin le temps de rentrer chez vous, vous pouvez enfin vous brosser les dents. Qu'allez-vous ressentir ? Un soulagement bien sûr ! Vous êtes soulagé d'avoir pu réaliser l'action de vous brosser les dents, mettant ainsi un terme à votre obsession plus ou moins intense de ne pas l'avoir fait jusque-là ! Vous pouvez enfin passer à autre chose.
Maintenant, abordons la question du brossage des dents, une habitude que vous répétez une ou plusieurs fois par jour. Combien de fois par jour, en revanche, répétez-vous l'action de fumer ? Pour le savoir, jetez un œil à votre consommation.
Et si, par hasard, quelqu'un évoquait l'idée de jeter votre brosse à dents, vous n'auriez probablement pas de problème avec ça. Mais quand on parle de jeter sa cigarette ou son paquet, c'est une tout autre histoire. Vous ne jetez pas votre doudou aussi facilement. Votre cigarette c'est le Saint Graal dans votre esprit, vous êtes comme Gollum avec son « précieux » ! Et il ne faut pas y toucher !

Constatez la puissance du conditionnement de la cigarette sur votre esprit par sa répétition et sa valeur affective !

LE DOUDOU… MALÉFIQUE

Un doudou, selon le dictionnaire Larousse, est un « objet fétiche, en général une peluche, dont les enfants ne se séparent pas [...] ». Vous saisissez maintenant l'analogie ? La cigarette est devenue votre propre objet fétiche, celui auquel vous ne pouvez pas renoncer. Comme un enfant qui pleure quand on lui enlève son doudou, vous devenez irritable et anxieux si vous n'avez pas vos cigarettes !

Connaissez-vous le personnage de film Chucky ? Il s'agit de cette poupée emblématique des films d'horreur (je déteste les films d'horreur et je ne les pas vus, mais j'en connais l'histoire). À l'origine, Chucky est une poupée pour enfants en apparence inoffensive. Mais en réalité elle est **possédée par l'âme d'un tueur en série**. Dans l'un des volets, *Cult of Chucky* (*Le retour de Chucky*), l'histoire se déroule dans un hôpital psychiatrique. Les soignants y introduisent une poupée comme outil thérapeutique pour aider une patiente à faire face à son passé. À première vue, elle n'est là que pour rassurer. Mais une fois la nuit tombée… la poupée révèle sa vraie nature : elle s'anime, tue, manipule, et fait sombrer l'hôpital dans le chaos.
Et vous savez quoi ? **La cigarette est votre Chucky.**
Quand le paquet est dans votre sac ou votre poche, il vous rassure. Il est là, comme un doudou, une présence familière qui vous apaise. C'est votre **Chucky de jour** : silencieux, discret, **inoffensif**, du moins, en apparence.
Mais dès que vous en sortez une, que vous l'allumez… la transformation s'opère. Ce n'est plus une cigarette, c'est un piège. Un poison déguisé. C'est votre **Chucky de nuit** : insidieux, **meurtrier**, prêt à attaquer votre santé, votre liberté et parfois même votre vie.

> **La cigarette joue un rôle de doudou affectif pour adulte, remplissant le même rôle que celui du doudou pour un enfant.**

PARTIE IV

VOS BLOCAGES : POURQUOI N'ARRÊTEZ-VOUS PAS DE FUMER ?

15 LA PEUR DE LA PERTE

Vous demandez-vous parfois pourquoi vous ne parvenez pas à vous défaire de votre doudou affectif ? La réponse, simple en apparence, réside dans deux peurs profondes : la peur de la PERTE et la peur d'ARRÊTER de fumer.

La peur de la perte vous plonge dans des interrogations incessantes sur ce que vous laisseriez derrière vous en abandonnant la cigarette. Une avalanche de questions surgit : comment gérer le stress sans elle ? Comment profiter des moments de détente sans elle ? Comment savourer les pauses conviviales sans elle ?
Ces questions font jaillir la peur en vous, la peur de perdre quelque chose si la cigarette n'est plus là. Voudriez-vous perdre un objet qui a une valeur sentimentale à vos yeux ? Évidemment non, car la perte de cet objet serait douloureuse. Dans votre esprit, la perte est intrinsèquement liée à la douleur. Et qui souhaite éprouver de la douleur ? Personne ! C'est pour cette raison que vous ne vous arrêtez pas de fumer : **vous ne voulez tout simplement pas subir la douleur associée à l'idée de perdre quelque chose. Rappelez-vous, votre cerveau est câblé pour éviter la douleur !**

Permettez-moi d'examiner plus en profondeur cette peur de la perte. De quelle perte parlons-nous exactement ? Que perdriez-vous concrètement ? Laissez-moi vous poser cette simple question : d'après vous, qu'est-ce qui différencie un fumeur d'un non-fumeur ? La réponse est simple : la CIGARETTE ! Rien d'autre !

Je peux déjà imaginer votre sourire face à cette réponse qui peut paraître ridicule, mais elle est très significative quand on en saisit pleinement le sens. Vous êtes d'accord sur le fait d'énoncer qu'au cours d'une journée vous passez par différentes phases : stress, détente, concentration, ennui, pause-café, moments de convivialité… Vous êtes d'accord aussi pour dire qu'un fumeur s'adonne à l'acte de fumer tout au long d'une journée. Ce que l'on sait, c'est qu'un fumeur fume dans chaque situation de vie et à chaque émotion. Il est donc maintenant convaincu que l'acte de fumer lui permet d'accéder à tous ces moments de vie, qu'il doit « pratiquer son sport de fumer » pour parvenir à ces instants. Il est persuadé que c'est grâce à cette pratique qu'il peut avoir accès à quelque chose ou, à l'inverse, que si cette cigarette n'est pas présente dans ces moments-là, il ne peut donc pas les vivre pleinement. Il est donc privé de quelque chose !

Voilà comment l'information est ancrée dans votre esprit :
« L'acte de fumer me donne accès à quelque chose. »
« L'acte de ne pas fumer me prive de quelque chose ! »

Et qu'en est-il des non-fumeurs ? Sommes-nous d'accord pour dire qu'un non-fumeur traverse également différentes phases au cours d'une journée, telles que le stress, la détente, la concentration, l'ennui, la pause-café, et les moments de convivialité ? Apparemment, oui ! Il vit donc les mêmes expériences que le fumeur, à la différence qu'il ne s'adonne pas à cette « pratique sportive ». Il ne se raconte pas d'histoires selon lesquelles il aurait besoin de cette pratique pour accéder à ces moments, car il les vit naturellement. Après tout, tous ces moments, c'est simplement la VIE ! Que nous fumions ou que nous ne fumions pas, nous allons tous vivre ces moments.

Considérez ceci : est-ce qu'un non-fumeur peut se détendre ? Prendre une pause ? Être soumis au stress ? Apprécier un moment de convivialité ? Être confronté aux aléas de la vie ? Espérons que vous avez répondu oui, car sinon vous vous voilez la face ! Un non-fumeur vit les mêmes expériences et accède aux mêmes moments, à une exception près : il ne subit pas l'addition quotidienne que paie le fumeur et il est encore moins soumis au STRESS DU FUMEUR.
Alors, de quelle perte parlons-nous ?
Demandez-vous ce que vous donne réellement la cigarette à laquelle un non-fumeur n'a pas accès. La réponse est simple : de belles illusions qui vous piègent dans vos croyances et vos conditionnements !

LE SPORTIF ET LE PENDENTIF PORTE-BONHEUR

Imaginez un athlète qui, avant chaque course, porte un pendentif qu'il considère comme son porte-bonheur. Pour lui, ce pendentif lui apporte **force** et **concentration**. Il ne le porte jamais en dehors des compétitions, seulement lorsqu'il s'apprête à donner le meilleur de lui-même.

Alors, posons la question : les ressources de force et de concentration sont-elles dans le pendentif ? Je vous vois déjà sourire ! Bien sûr que non. Autre question : ces ressources apparaissent-elles comme par magie dès que le pendentif est mis autour du cou ? Vous allez encore me dire que non ! Alors, où résident la force et la concentration selon vous ? En l'athlète même bien sûr ! Ces ressources sont déjà présentes à l'intérieur de lui, elles font partie de lui, indépendamment du pendentif.

Bien sûr, le rituel de porter le pendentif favorise l'accès à ces ressources, mais factuellement, elles sont déjà là. Le pendentif ne fait que servir de déclencheur. Il rappelle à l'athlète qu'il possède déjà la force et la concentration nécessaires. **Même s'il oubliait un jour son pendentif, ces ressources resteraient là. Il ne perdrait rien de ses capacités.** Il pourrait d'ailleurs choisir un autre rituel pour accéder à ses ressources, comme taper deux fois sur son cœur avant le départ, porter un bracelet ou même prononcer une phrase mantra : la force et la concentration seraient toujours là, car elles sont intrinsèques à l'athlète.

C'est assez fou quand on y pense : cela vous paraît évident que la force et la concentration ne sont pas présentes dans le pendentif, mais lorsqu'il s'agit de cigarettes, beaucoup pensent que tout – courage, détente, gestion du stress, plaisir, concentration... – se trouve dans la cigarette, comme si rien de tout cela n'était en eux. **Mais ces ressources n'ont jamais été dans la cigarette. Elles ont toujours été en vous. La cigarette, tout comme le pendentif, ne fait qu'activer des états internes qui vous appartiennent déjà.** Si vous cessez de fumer, vous ne perdez pas ces ressources. Elles restent, prêtes à être mobilisées autrement. En réalité, on vous a fait croire que vous aviez besoin de votre cigarette pour accéder à vos ressources et que, sans elle, vous seriez en perte. Mais en y regardant de plus près, tout cela n'est que l'illusion d'une perte !

Les ressources dont vous avez besoin ne sont pas dans un objet ou une habitude. Elles sont déjà en vous.

Imaginez maintenant que vous êtes un explorateur en quête d'un trésor caché. Vous avez entendu dire que ce trésor est enfermé dans un coffre spécial, et que vous avez besoin d'une clé magique – que vous croyez être votre cigarette – pour l'ouvrir. Vous êtes convaincu que cette clé est indispensable pour accéder au courage, à la détente et à la gestion du stress. En réalité, le trésor – c'est-à-dire toutes ces ressources – est déjà dans votre coffre intérieur. La clé n'est qu'un leurre, une illusion qui vous a fait croire que vous en aviez besoin pour révéler vos trésors personnels. Vous n'avez jamais eu besoin de la cigarette pour accéder à votre richesse intérieure ; tout est déjà en vous, prêt à être activé.

Reprendre le pouvoir sur soi-même, c'est reconnaître que toutes les qualités que vous attribuez à la cigarette – telles la détente, le bien-être, la confiance, la concentration et bien plus – sont en réalité des ressources que vous possédez déjà en vous. Vous avez simplement cru que la cigarette était le seul moyen d'y accéder. Il semble ridicule de penser que la force et la concentration sont dans le pendentif du sportif, mais vous trouvez normal de croire que les ressources comme la détente et la motivation se trouvent dans la cigarette ! Bravo le conditionnement et le marketing !

Pour résumer, il n'y a aucune perte réelle en arrêtant de fumer, vous êtes simplement habité par l'illusion de la perte, créée par des croyances erronées. En réalité, vous n'êtes pas en train de perdre des ressources précieuses, mais plutôt de vous libérer d'une illusion. Vos véritables ressources – courage, détente, confiance... – sont déjà en vous, prêtes à être mobilisées. Vous pouvez vous libérer de la cigarette sans perdre quoi que ce soit, car ce que vous cherchiez était toujours en vous. Vous savez déjà parfaitement mobiliser naturellement vos ressources, toutefois vous aviez la mauvaise habitude de fumer dans ces moments et vous étiez piégé dans vos conditionnements.

16 LA PEUR D'ARRÊTER DE FUMER

Examinons maintenant cette deuxième peur qui vous empêche d'abandonner la cigarette : la peur d'arrêter. Avez-vous déjà entendu les médias affirmer que cesser de fumer était simple ? Est-ce une idée répandue à votre avis ? Je doute que ce soit le cas, n'est-ce pas ? Cette peur d'arrêter est renforcée par les réseaux sociaux, les émissions télévisées, les articles de presse, voire les campagnes préventives, qui martèlent sans cesse à quel point cette démarche est difficile. Ces messages ancrent dans votre esprit des croyances bien souvent erronées, comme la prise de poids inévitable, le fait de devenir irritable voire exécrable avec votre entourage ou de ressentir un manque physique terrible. Cette représentation vous fait croire que l'arrêt du tabac est une expérience douloureuse qu'il faut absolument traverser. Si vous visualisez l'arrêt de la cigarette comme un mont Everest devant vous, sans savoir comment l'atteindre, vous êtes déjà démoralisé et découragé à l'avance, imaginant cette étape comme une source de souffrance. Or, vous le savez bien maintenant, votre cerveau évite instinctivement la douleur. Pourquoi vous feriez-vous du mal en prenant la décision d'arrêter de fumer ? Autant vous épargner cette douleur en repoussant sans cesse cette date d'arrêt...

→ **Douleur = évitement**

LA PEUR COMME OUTIL DE CONTRÔLE

Pourquoi la peur est-elle si présente dans votre esprit lorsque vous songez à arrêter de fumer ? Parce qu'elle est une arme redoutable. Depuis l'enfance, elle façonne nos réactions. D'abord les monstres sous le lit. Puis, en grandissant, ces peurs ont évolué : la peur de l'échec, de perdre son emploi, d'être rejeté. Et dans le monde des adultes, la peur devient un levier de contrôle. Elle nous pousse à accepter l'inacceptable, à nous conformer sans questionner.

Les médias, la politique, le marketing... Tous utilisent la peur pour influencer nos choix. C'est une mécanique bien rodée : effrayer pour mieux diriger. La peur vend des alarmes, des assurances, des médicaments... et la cigarette n'échappe pas à cette règle.

Les dirigeants utilisent la peur comme outil de soumission. C'est la stratégie de ceux qui veulent contrôler et régner. La peur façonne les perceptions, influence nos comportements et dicte nos choix. Elle est même devenue un outil de communication : elle sert à gagner une élection, elle encourage la surconsommation, elle maintient des personnes dans des emplois qui ne leur conviennent pas, elle empêche de quitter des relations toxiques... Les experts en communication savent qu'un individu qui contrôle mal ses peurs se soumet plus facilement lorsqu'il est effrayé.

L'Histoire regorge d'exemples de ce type. Au Moyen Âge, l'Église utilisait la peur de l'Enfer pour encourager la croyance et maintenir l'ordre. Les dictateurs ont exploité cette peur pour asseoir leur domination, entretenant la crainte de représailles ou de persécution. Plus récemment, la politique a souvent joué sur ce levier, notamment via des campagnes électorales basées sur l'insécurité... Les guerres et les pandémies sont régulièrement des prétextes pour instaurer davantage de contrôle.

La peur est un outil puissant qui influence nos décisions, souvent à notre insu, et l'arrêt du tabac ne fait pas exception. L'industrie du tabac joue avec ces peurs.

Vous avez grandi en entendant que l'arrêt du tabac était un chemin semé d'embûches : prise de poids inévitable, irritabilité insupportable, manque insurmontable. Partout, il vous a été répété que ce serait difficile. Ces messages se sont insinués dans votre esprit, jusqu'à ce que vous les acceptiez comme des vérités absolues.

Si vous imaginez l'arrêt du tabac comme une montagne infranchissable, comment ne pas être découragé d'avance ? Votre cerveau, programmé pour éviter la douleur, choisit alors l'option la plus simple : repousser la décision.

L'industrie du tabac sait parfaitement entretenir cette peur. Elle ne vous vend pas seulement un produit, elle vous vend une dépendance sous couvert d'une fausse sécurité. Elle alimente l'idée que la nicotine est une drogue ultra-addictive, rendant l'arrêt presque impossible sans aide extérieure.

Et si vous croyez que la cigarette électronique est une alternative plus saine, détrompez-vous. Ce n'est qu'un prolongement du piège. Vous perdez vos repères : plus d'odeur désagréable, plus de contrainte... Vous vapotez sans même y penser, comme un enfant qui garde sa tétine en bouche toute la journée.

Pire encore, cette pratique est un moyen d'anéantir votre instinct de méfiance : on ne parle plus de fumer, on parle de vapoter. Un mot doux, presque inoffensif, qui donne l'illusion d'un acte anodin. Mais ne vous y trompez pas : les industriels du tabac sont des maîtres en neurosciences. Ils savent exactement comment piéger votre cerveau. Leur argument phare ? « Vous ne fumez pas, vous inhalez de la vapeur d'eau. » Ce n'est qu'une question de marketing.

TROIS RÉACTIONS FACE À LA PEUR

Quand la peur vous assaille, trois options s'offrent à vous :

1. **La fuite :** « Ce n'est pas le bon moment... Trop de stress au travail... J'arrêterai après les vacances... Au Nouvel An... » Chaque excuse est une tentative de repousser l'échéance. Mais repoussez-vous vraiment la peur ? Ou bien la laissez-vous prendre encore plus d'emprise sur vous ? Vous avez utilisé cette option à de nombreuses reprises : cela a-t-il fonctionné ? Non, car vous fumez toujours !

2. **L'immobilisme :** Depuis combien de temps pensez-vous arrêter ? Des mois ? Des années ? Vous reportez, encore et encore. Vous espérez un déclic magique, une volonté soudaine qui fera disparaître le problème. Mais plus vous attendez, plus vous restez figé. Là encore, cette option ne fonctionne pas, car vous fumez toujours !

3. **L'affrontement :** C'est la seule option qui vous libérera. Mais affronter, ce n'est pas combattre avec violence ni se lancer dans une bataille douloureuse. C'est comprendre que l'obstacle que vous craignez tant est une illusion. Si vous visualisez l'arrêt du tabac comme un combat de boxe contre Mohamed Ali, vous redouterez forcément l'affrontement. Mais si vous comprenez que votre

adversaire n'est qu'une ombre, une illusion de peur créée de toutes pièces, alors vous reprenez le contrôle.

Malheureusement, les enjeux économiques sont tels qu'il est inconcevable que tout le monde arrête de fumer… Il est dans l'intérêt des industriels du tabac de vous maintenir dans la peur pour que vous restiez consommateur.

REPRENDRE LE POUVOIR SUR SES DÉCISIONS

Posez-vous une question simple : vos peurs sont-elles fondées ? Ce que vous imaginez va-t-il réellement arriver ? Prenez du recul. Regardez les moments où vous avez déjà pris des décisions importantes dans votre vie. Vous avez peut-être changé de travail, déménagé, décidé d'avoir un enfant, choisi un engagement de vie. Vous avez déjà affronté l'inconnu. Alors, pourquoi cette décision-là serait-elle différente ?

Franklin D. Roosevelt l'a dit en 1933 : « La seule chose dont nous devons avoir peur est la peur elle-même. »

La peur ne disparaîtra pas d'elle-même. Mais si vous cessez de la nourrir, elle s'efface peu à peu. Vous n'êtes pas prisonnier d'une réalité figée. Vous avez le pouvoir de changer votre perception.

Prenez le temps de la réflexion. Analysez vos peurs et rationalisez-les. Est-il objectivement probable qu'elles se réalisent ? Ensuite, demandez-vous quels types de réactions vous aviez jusqu'à présent face à elles. Enfin, à la lecture de ce livre, quelles réactions vous viennent naturellement ?

Si une prise de décision ne vient pas en premier, pas d'inquiétude, il s'agit d'un long processus. Je suis persuadée que vous y viendrez. Gardez en tête que le pire qui puisse arriver est d'échouer. Mais cela signifie aussi que vous pourrez réessayer encore et encore jusqu'à la réussite.

Et si, pour une fois, vous décidiez de ne plus laisser la peur dicter votre vie ?

17 LE CINÉMA DE LA PEUR : MON HISTOIRE DE MONSTRES

Laissez-moi vous embarquer dans mes premiers pas de toute jeune adulte. Tout a commencé dans mon premier studio parisien. Jeune et nouvellement installée, je ne connaissais pas grand monde et, le soir venu, mon imagination prenait parfois des tournures disons... cinématographiques. Je déteste les films d'horreur, mais avec quelques images glanées ici et là – une bande-annonce par-ci, un extrait par-là –, mon esprit était un véritable festival de Cannes de l'épouvante !

Imaginez la scène : moi, sous ma couette, transformée en burrito frissonnant, un minuscule trou au niveau du nez pour respirer, aux aguets du moindre bruit. Chaque craquement était un coup de théâtre, avec en vedette, rien que pour moi, des personnages comme le sinistre Jason de *Vendredi 13*, l'effrayant Chucky ou encore un alien terrifiant. Dans mon scénario nocturne, j'étais la victime désignée, et ces icônes de l'horreur, les bourreaux. Pas vraiment l'idéal pour une nuit reposante, n'est-ce pas ?

Mais un soir, j'ai eu un déclic. Et si je changeais de script ? Plutôt que de les supprimer – mission impossible, mon cerveau adore s'accrocher à ce que je veux oublier –, j'ai transformé ces monstres en gardiens du sommeil. Oui, vous avez bien lu ! Jason, Chucky et Alien sont devenus mes protecteurs, veillant à ce que nul vrai danger ne franchisse le seuil de ma porte. Je les imaginais devant la porte de mon studio, en train de rire et de plaisanter, ce qui, étrangement, rendait la situation moins terrifiante et plutôt rassurante.
Ce retournement de situation, cette réécriture de mon propre film d'horreur en une garde rapprochée un peu spéciale, m'a permis de transformer la terreur en tranquillité. Mes nuits sont redevenues paisibles, libérées de l'angoisse, et j'ai pu enfin dormir sans crainte, sans avoir à me barricader sous les draps. Ainsi ai-je découvert le pouvoir incroyable de notre imaginaire et comment, avec un peu de créativité, nous pouvions réécrire les scénarios qui nous terrifient.

Je n'ai pas lutté contre mes pensées ou essayé de les supprimer. Je les ai modifiées ! Il est essentiel de comprendre qu'une peur est tout simplement un scénario qui se joue dans votre tête, et que vos pensées restent figées dessus sans pouvoir lâcher prise. Plus vous tentez d'y échapper, plus elle s'ancre. Plus vous la fuyez, plus elle vous hante. C'est un piège mental redoutable.

Comme nous l'avons déjà vu avec l'éléphant bleu, votre cerveau ne comprend pas la négation. Si je vous demande de ne pas penser à un éléphant bleu, vous vous en faites instantanément une image. Impossible de l'éviter. C'est identique avec vos peurs. Si je vous dis de ne surtout pas imaginer Jason de *Vendredi 13* ou l'alien de *Alien*, votre esprit les fait immédiatement surgir. En cherchant à repousser ces pensées, vous leur donnez paradoxalement plus de place. C'est exactement ce qui se passe avec vos croyances sur la cigarette et la peur d'arrêter : plus vous tentez de ne pas y penser, plus elles deviennent oppressantes.

La clé n'est donc pas d'essayer de supprimer la peur, mais de modifier votre imaginaire. Si votre cerveau vous raconte un film d'horreur sur l'arrêt du tabac, pourquoi ne pas réécrire le scénario ? Pourquoi ne pas transformer ce drame angoissant en une histoire agréable et facile de libération ?

PARTIE V

RÉVEILLEZ LA GUERRIÈRE ET LE GUERRIER EN VOUS !

18 CE N'EST PAS LA CIGARETTE QUI EST FORTE, C'EST VOUS QUI LUI PRÊTEZ CE POUVOIR

Si vous lisez ces lignes, c'est que vous avez déjà tenté d'arrêter de fumer. Peut-être une fois, peut-être dix. Chaque tentative a réveillé en vous l'espoir de vaincre... mais aussi la frustration de ne pas y parvenir. Vous avez essayé de mobiliser votre force intérieure, de réveiller ce guerrier ou cette guerrière en vous prêt(e) à en découdre avec cette dépendance. Mais malgré vos efforts, l'ennemi semblait toujours avoir une longueur d'avance, vous ramenant inlassablement à la case départ. Pourquoi ? Parce que le véritable combat n'était pas là où vous le pensiez.

L'état d'esprit est un formidable moteur de notre voyage à travers la vie. Il influence la façon dont nous percevons le monde qui nous entoure et la manière dont nous choisissons de le parcourir. Lorsque nous nous lançons seul dans l'inconnu, l'élément clé qui guide notre route est notre croyance.

Imaginez que la vie soit un sac à dos que nous portons en permanence. Ce sac peut contenir nos espoirs, nos rêves, nos peurs et nos doutes. Toutefois, la croyance que nous relions à ce sac détermine sa charge. Si nous croyons que chaque étape est difficile, que chaque pierre sur le chemin ajoute du poids à notre sac à dos, alors chaque pas devient un fardeau.
Mais si nous choisissons de croire que nous pouvons y arriver, que chaque étape est une opportunité, alors soudain la charge devient plus légère. Notre croyance en notre capacité à surmonter les obstacles fait fondre le poids du sac à dos. Les difficultés se transforment en défis passionnants.

Il en va ainsi pour l'arrêt du tabac. Bien souvent, lorsque nous nous lançons seul dans cette entreprise, nous portons déjà un sac à dos bien lourd, chargé de croyances sur les difficultés en jeu pour arrêter de fumer. Nous présumons que l'arrêt du tabac sera une lutte sans fin, que chaque cigarette manquante sera une torture. Ces croyances sont comme des poids supplémentaires ajoutés à notre sac à dos.

Pourtant, rappelez-vous que nos croyances déterminent notre réalité. Si nous croyons que cesser de fumer est une épreuve insurmontable, alors chaque jour sans tabac deviendra un fardeau. Mais si nous choisissons de croire que nous arriverons à arrêter, que chaque journée sans cigarette est une opportunité, alors la charge devient plus légère.

> **Comme le disait Henry Ford : « Que vous pensiez être capable ou ne pas être capable, dans les deux cas vous avez raison. »**

Notre état d'esprit ne change pas les obstacles sur notre route, mais il détermine si nous les voyons comme des barrières ou des tremplins. Il fait la différence entre subir et choisir. Il ne change pas la nature des épreuves que nous affrontons, mais il change notre façon de les percevoir et de les surmonter. Il nous donne la force de continuer, de persévérer et de voir les opportunités là où d'autres ne voient que des obstacles.

Alors, observez comment votre état d'esprit a eu un impact considérable sur vos résultats. Quelles croyances avez-vous mises dans votre sac à dos ? Sont-elles là pour vous aider… ou vous alourdir ?

19 VOS TENTATIVES D'ARRÊT : ÉCHECS, LEÇONS ET SUCCÈS

Votre état d'esprit façonne vos résultats. Voyons comment il a joué dans vos arrêts du tabac et les a transformés ou non en victoires. Il existe deux manières d'aborder l'arrêt du tabac : une mauvaise, souvent synonyme d'échec, et une bonne, assurant une réussite. Ces façons d'arrêter sont sensiblement liées à votre état d'esprit. Voyons cela plus en détail.

LA MAUVAISE MÉTHODE

La plupart des individus souhaitant arrêter de fumer se disent : « J'ai envie d'arrêter donc il faut que je me fasse aider. » Il existe aujourd'hui de nombreuses techniques pour se libérer de la cigarette :

→ l'acupuncture ;
→ les patchs et gommes nicotiniques ;
→ l'hypnose ;
→ le laser ;
→ etc.

Voici comment se déroule la démarche : vous avez entendu dire que telle ou telle méthode était efficace et des proches vous donnent leur avis, car certains d'entre eux ont testé ces méthodes. Vous vous dites alors : « Pourquoi pas, je vais essayer aussi… »
C'est à ce moment-là que la méthode synonyme d'échec prend forme. Et deux cas de figure peuvent se dessiner :

→ vous vous attendez à obtenir les mêmes résultats que les proches qui vous ont conseillé ;
→ vous attendez qu'un déclic survienne et vous libère de l'envie de fumer.

Vous cherchez une aide à l'extérieur de vous grâce à une méthode, en espérant que celle-ci viendra créer ce déclic à l'intérieur de vous qui vous fera passer l'envie de cigarette.

Avec cette façon d'envisager l'arrêt, vous êtes passif et dans l'attente de quelque chose. Je ne remets pas en question la présence de l'envie, mais **vous vous placez en spectateur. Vous attendez que la méthode effectue le travail à votre place.** D'ailleurs, vous n'imaginez pas le nombre de personnes que j'entends dire : « J'ai tout essayé, rien n'a marché ! » C'est bien là tout le problème ! Vous avez simplement essayé et espéré, mais vous n'étiez pas pleinement dans l'action avec le bon état d'esprit. L'action implique un engagement.

Je suis consciente qu'un engagement peut être difficile à prendre, surtout lorsqu'il s'agit de se débarrasser de quelque chose qu'on aime bien. D'ailleurs, se séparer d'un doudou peut être une véritable épreuve pour certains enfants. Il en va de même pour votre doudou-cigarette. Ce lien affectif complexe entre vous et votre cigarette ressemble à une histoire d'amour compliquée. **Vous essayez de rompre**, mais il arrive toujours ce moment où vous cédez lors d'un baiser toxique.

Alors vous « tentez » d'arrêter pour vous donner bonne conscience, car vous savez très bien qu'il faut vous en séparer. Vous espérez que quelque chose se passera, comme un déclic ou un dégoût soudain, qui vous fera tout simplement rejeter cet élément toxique de votre vie.
C'est un peu comme espérer gagner à la loterie en oubliant de cocher un numéro. Vous attendez ce déclenchement magique, ce moment où vous direz : « C'est bon, je n'aime plus cette cigarette ! » Mais la réalité est que la cigarette est une petite amie possessive qui ne vous lâchera pas aussi facilement. Alors, au lieu d'espérer un miracle, il est peut-être temps de prendre les choses en main, avec un soupçon d'humour et une dose de détermination. Vous méritez une relation plus saine, après tout !

Partir de l'extérieur de soi (avec une méthode « en croisant les doigts dans l'espoir d'un résultat ») pour enclencher un changement intérieur est synonyme de peu de chances de réussite.

Si vous analysez vos tentatives d'arrêt précédentes, vous comprendrez plus clairement la raison pour laquelle vous avez échoué. À quel moment ne vous êtes-vous pas pleinement engagé ? Où était placé votre état d'esprit ?

LA BONNE MÉTHODE

Vous devez comprendre que la décision doit venir de vous (l'intérieur de soi) et non de l'espoir provenant d'une méthode (extérieure à soi). Une fois que vous aurez pris cette décision, vous pourrez faire appel à une aide extérieure si besoin. L'ordre est primordial ! L'accompagnement vient en soutien d'une décision et d'un engagement intérieurs, mais n'espérez plus qu'il soit votre messie. L'attente de résultats ne sera dès lors plus excessive. Vous êtes véritablement acteur de votre arrêt et non plus spectateur qui attend passivement !

Vous prenez votre décision à l'intérieur de vous et, si vous ressentez le besoin de vous faire accompagner par une aide extérieure, alors vous pouvez la mobiliser pour éliminer la cigarette.

Partir de l'intérieur de soi pour enclencher un changement intérieur avec un soutien extérieur est synonyme de grande chance de réussite. « L'échec est seulement l'opportunité de recommencer d'une façon plus intelligente », disait Henry Ford. C'est ce qui nous amène à comprendre la notion cruciale d'espoir et d'engagement !

20 L'ESPOIR *VS* L'ENGAGEMENT : LES 2 INSÉPARABLES

L'espoir et l'engagement : deux amis inséparables pour réaliser vos rêves. L'un est comme le rêveur idéaliste qui croit en un monde meilleur, tandis que l'autre est le travailleur acharné qui fait les tâches ingrates pour que les choses se réalisent. Ensemble, ils forment une équipe de choc, un peu comme Batman et Robin.

L'ESPOIR : L'OPTIMISTE RÊVEUR

L'espoir est ce sentiment d'optimisme qui brille comme une étoile dans la nuit la plus sombre. Il est là pour vous rappeler que même lorsque tout semble perdu, il y a une lueur d'espoir. L'espoir vous dit : « Allez, continuez, tout ira bien. » C'est un peu comme ce collègue qui est toujours de bonne humeur, même le lundi matin.
Imaginez que vous ayez le rêve de grimper au sommet d'une montagne. L'espoir est cette personne qui vous fait croire que la vue là-haut est incroyable, que l'air est pur et que les oiseaux chantent pour vous. Il vous donne cette vision séduisante qui vous fait dire : « Oui, je veux ça ! »

L'ENGAGEMENT : LE TRAVAILLEUR INFATIGABLE

C'est là que l'engagement entre en scène, en portant des chaussures de randonnée et en se préparant pour l'ascension. L'engagement est l'action, le courage, la persévérance. C'est comme le grimpeur expérimenté qui dit : « On y va, il est temps de gravir cette montagne ! » Il est là pour vous tirer hors du lit, vous motiver et vous faire passer à l'action.
Imaginez-vous au pied de cette montagne majestueuse. L'engagement est cette personne qui vous demande de préparer votre sac à dos, étudier la carte et commencer à gravir les sentiers escarpés. Il vous rappelle que ça ne sera pas toujours simple, mais que ça en vaudra largement la peine et que la récompense sera à la hauteur !

UN EXEMPLE CONCRET

Utilisons un exemple concret pour illustrer le duo dynamique de l'espoir et de l'engagement. Supposons que vous rêviez d'écrire un roman. L'espoir est ce moment où vous imaginez votre nom sur la couverture de votre livre, des personnes qui font la queue pour obtenir une dédicace. C'est la vision idyllique du succès.

Mais l'engagement entre ensuite en jeu. Vous vous asseyez devant votre ordinateur, et vous comprenez rapidement que l'écriture d'un roman demande des heures de travail acharné, beaucoup de discipline et beaucoup de café. Cependant, vous persistez, jour après jour, en dépit des moments où l'inspiration semble vous fuir et où le doute tente de s'installer.

C'est là que l'espoir revient à la charge, vous rappelant que chaque mot écrit vous rapproche de votre rêve et que le chemin, bien que sinueux, mène à quelque chose de merveilleux. L'espoir et l'engagement dansent ensemble dans ce processus, créant un équilibre parfait entre le rêve et la réalité.

Alors, rappelez-vous : l'espoir est comme le rêveur idéaliste qui vous pousse à croire en un avenir meilleur, tandis que l'engagement est le travailleur acharné qui transforme ces rêves en réalité. En somme, l'espoir est votre Robin intérieur, vous donnant la vision brillante d'un avenir sans fumée, tandis que l'engagement est votre Batman intérieur, prêt à agir. Ensemble, ils forment une équipe prête à vous guider vers une vie sans fumée.

Mais rassurez-vous, il n'y a pas de vilains à combattre, seulement cette mauvaise habitude de fumer. Alors, dans la quête de l'arrêt du tabac, souvenez-vous que l'espoir est votre acolyte optimiste et l'engagement est le justicier déterminé qui vous donne le pouvoir de devenir un super non-fumeur. Ensemble, ils forment une équipe invincible, prête à vous guider vers une vie sans fumée où vous êtes le superhéros de votre propre histoire.

Alors, mettez votre cape imaginaire et préparez-vous à devenir la superhéroïne ou le superhéros de votre propre histoire non-fumeuse !

21 ESSAYER *VS* FAIRE : LE CHOIX DÉCISIF

Lorsque nous entreprenons une nouvelle aventure ou un projet, deux mots se livrent un combat féroce dans l'arène de notre esprit : « essayer » et « faire ». Bien que ces mots puissent sembler similaires, leur signification et leur impact sont radicalement différents. C'est un peu comme comparer un lion en peluche à un vrai roi de la savane. Mais ne vous inquiétez pas, nous allons démêler cette affaire avec une touche d'humour pour éclaircir les choses.

« ESSAYER » : LE COMPAGNON INDÉCIS

Le mot « essayer » est un peu comme cet ami indécis qui promet toujours de se joindre à vous pour une soirée, mais qui annule à la dernière minute. Lorsque nous disons que nous allons « essayer » quelque chose, cela implique souvent un manque d'engagement. C'est comme si votre ami vous disait : « Eh bien, je vais essayer de passer, mais je ne te promets rien. »

« FAIRE » : LE GUERRIER DE L'ACTION

D'un autre côté, le mot « faire » est comme ce superhéros de l'action qui se précipite pour sauver la situation. Quand nous disons que nous allons « faire » quelque chose, cela dénote un engagement total. C'est comme dire : « Je vais m'engager à accomplir cela, coûte que coûte. »

Pour illustrer ce propos, imaginez deux pilotes d'avion annonçant la préparation à l'atterrissage :
→ L'un dit : « Mesdames, Messieurs, préparez-vous à l'atterrissage, attachez vos ceintures, je vais essayer d'atterrir. »
→ L'autre déclare : « Mesdames, Messieurs, préparez-vous à l'atterrissage, attachez vos ceintures, nous allons atterrir ! »

Quels seraient les effets de ces deux annonces ?
Pour le pilote utilisant le terme « essayer » :
→ Annonce incertaine au micro.
→ Les passagers ressentent l'inquiétude et le doute.
→ Le manque de confiance et d'engagement est palpable.
→ Les passagers se cramponnent à leurs sièges, anxieux.

Pour le pilote utilisant le terme « faire » :
→ Annonce confiante et assurée au micro.
→ Les passagers soupirent de soulagement.
→ Les passagers ont confiance dans les compétences du pilote.
→ La détente et la confiance règnent à bord.

Rappelez-vous que l'engagement total est la clé du succès, que ce soit dans la poursuite de vos rêves ou dans l'arrêt du tabac. Choisir de « faire » plutôt que d'« essayer » est la première étape pour renforcer votre confiance et votre détermination à réussir. Alors, soyez le pilote confiant de votre propre réussite dans votre démarche d'arrêt du tabac, et préparez-vous à atterrir en toute sécurité dans un avenir plus en accord avec vos choix et plus aligné avec qui vous êtes aujourd'hui.

> **Chaque jour et avec engagement total, vous avez la force de piloter votre propre succès pour devenir non-fumeuse ou non-fumeur.**

22 LE FANTASME DE L'ARRÊT DU TABAC : CE QUE VOUS IMAGINEZ *VS* LA RÉALITÉ

Néanmoins, je me dois de vous mettre en garde sur le fantasme de l'arrêt du tabac, qui est celui d'une libération complète et parfaite de la cigarette. Trop souvent, vous imaginez que pour redevenir non-fumeur, il faut impérativement réunir trois critères :

→ Ne plus y penser.
→ Ne plus en avoir envie.
→ Être dégoûté du tabac.

Devenir non-fumeur ne nécessite en aucun cas la réunion de ces trois conditions ! Il est tout à fait normal de penser encore à la cigarette lorsqu'on est non-fumeur. Cela n'implique pas non plus nécessairement une envie pressante. La cigarette a fait partie de votre vie et vous en gardez des bons souvenirs. Vous associez même certaines personnes ou certains moments à la cigarette. Il est donc tout à fait légitime d'y penser encore ! Personnellement, même si l'odeur de la cigarette m'incommode aujourd'hui plus qu'avant, je n'ai jamais éprouvé de dégoût lors de mes différents arrêts.

Il relève du fantasme de penser que vous supprimez toute trace de cigarette dans votre esprit en arrêtant de fumer, même si vous aimeriez que cela se passe ainsi, car cela vous rassurerait dans l'idée d'être non-fumeur !

Toutefois, tenter de réunir ces trois conditions peut aussi apaiser les craintes en créant une sorte de bouclier contre la tentation de la cigarette. Il est humain de souhaiter avoir quelque chose en soi qui nous empêche de reprendre cette vieille habitude. Cependant, devenir non-fumeur ne signifie pas subir un lavage de cerveau ou une lobotomie qui supprime entièrement la cigarette. Vous avez appris à fumer et vous ne pouvez pas effacer ces souvenirs. Ils persistent, mais cela ne signifie pas que vous êtes contraint d'y céder. À titre d'exemple, cela revient un peu à penser à une ex-compagne ou un ex-compagnon. Vous avez le droit d'y penser, et c'est bien normal. La vie nous crée des petits rappels, comme lorsque vous retrouvez un ami perdu de vue de longue date, et voici que l'ex en question refait surface dans la conversation. Mais cela ne signifie pas nécessairement que vous avez envie de l'appeler, de prendre des nouvelles ou de recommencer à le fréquenter. Les souvenirs peuvent coexister avec votre nouvelle vie en tant que non-fumeur.

Retenez bien que la réunion de ces trois critères n'est pas impérative pour redevenir non-fumeur, et heureusement ! Nous verrons ensemble, dans un chapitre ultérieur, comment faire face à ces pensées.

23 L'EFFET YO-YO ET LE PLUS GRAND PIÈGE À ÉVITER : « JUSTE UNE ! »

Vous vous êtes désormais lancé et avez réussi à éliminer le « virus cigarette » pendant un temps, mais vous vous êtes finalement retrouvé contaminé de nouveau. Comprenez que tant que votre perception de la cigarette et de ses prétendues vertus reste inchangée, vous continuerez à vivre le cycle incessant des « effets yo-yo » : vous arrêtez, puis vous reprenez...

Beaucoup de personnes décident d'arrêter de fumer par nécessité, que ce soit pour des raisons de santé, avant une opération, pendant la grossesse ou simplement par lassitude. Je sais toutefois que la motivation initiale pour arrêter de fumer est en très grande partie liée à l'évitement de la douleur. Vous comprenez que fumer commence à causer des désagréments physiques : un poids sur la poitrine, un essoufflement, des coûts financiers, un sentiment d'esclavage... et les souffrances s'accumulent. C'est alors que vous réagissez à cette douleur en décidant d'arrêter de fumer. Vous n'aimez pas avoir mal ! Vous vous lancez, et victoire ! Vous êtes libéré de la cigarette ! Vous vous sentez mieux sans elle et ses inconvénients. Vous retrouvez votre souffle, votre énergie, et vous avez davantage de temps et d'argent à votre disposition. Tout semble parfait.

Pourtant, voilà qu'après un certain temps de liberté, une mauvaise nouvelle survient. Vous vous sentez mal, vraiment mal. Alors, une vieille croyance refait surface : « fumer = solution ». Vous pensez que la cigarette vous aidera à faire face à la situation. Dans votre esprit, la cigarette est perçue comme un doudou, une béquille. Vous vous autorisez à fumer de nouveau, justifiant que vous êtes déjà si mal que reprendre la cigarette n'a plus aucune importance.

Il est essentiel de comprendre que la cigarette n'a jamais eu pour mission de résoudre des problèmes. Elle n'a aucune vertu en matière de solution, mais vous continuez de lui attribuer cette valeur en réponse aux moments difficiles.

Avec le temps, la situation s'améliore, non grâce à la cigarette, mais grâce à d'autres mesures que vous avez prises, des actions que vous avez réalisées. Cela s'appelle tout simplement la vie ! La vie fera que vous sortirez de cette situation difficile, car de nature vous n'aimez pas souffrir et ferez donc tout en votre pouvoir pour y mettre un terme !

Cependant, un autre problème se profile à l'horizon : la cigarette a fait son retour. Vous lui avez permis de réintégrer votre vie et vous baignez maintenant littéralement dans l'illusion « fumer = solution ». Vous attendez de nouveau que la douleur d'être fumeur apparaisse pour prendre la décision d'arrêter de fumer. Ainsi, le cycle se répète. Vous vous arrêtez, vous vous sentez libre. Puis imaginez cette scène où vous êtes avec des amis, un verre à la main, il fait beau, et vous louchez sur la cigarette en vous disant : « Pourquoi pas ? Juste une... Cette cigarette va intensifier mon plaisir. » Vous reprenez la cigarette, et la boucle se referme.

Point crucial à ancrer dans votre esprit : la cigarette n'est pas un soutien ou une solution à vos problèmes. Vous avez l'impression, l'illusion, qu'elle joue ce rôle, car vous lui donnez cette valeur à cause du poids de l'équation « fumer = solution » toujours active. **Vous croyez que la cigarette joue deux rôles bien distincts : soit elle règle un problème, soit elle intensifie un plaisir !** Mais ne vous y méprenez pas, vous réussirez à sortir vainqueur d'une épreuve non pas grâce à la cigarette, mais par tout ce que vous aurez mis en place pour régler la situation.

LE JEU DANGEREUX DU BOUTON ROUGE

La permission d'une cigarette ouvre grand la porte au virus ! Vous permettez à votre cerveau de redevenir fumeur. Comme je vous l'ai mentionné, vos émotions jouent un rôle crucial à la fois dans le fait de fumer et dans vos rechutes.

Imaginez que vous êtes dans un jeu vidéo où le passage de l'état de non-fumeur à celui de fumeur tient à une seule action : allumer une cigarette. C'est le « bouton rouge » sur lequel vous appuyez, et là vous passez de héros à zéro, de non-fumeur à fumeur en une seule inhalation.

Dans ce jeu, il y a **deux pièges principaux qui peuvent vous faire rechuter** et appuyer sur ce bouton rouge : **les émotions négatives et les émotions positives**.

→ **Émotion négative :** « Je suis tellement mal, j'en ai besoin… » C'est un peu comme un acte de désespoir, où la cigarette devient la bouée de sauvetage dans la mer agitée de la vie.
→ **Émotion positive :** « Juste une, ça va intensifier mon plaisir ou ça va me reconnecter à une certaine nostalgie, c'était cool de fumer… » C'est comme si vous vous regardiez dans un film rétro en noir et blanc, vous remémorant les scènes d'une époque révolue.

Vous entretenez toujours une histoire en arrière-plan, une croyance. Dans le premier cas, vous attribuez à la cigarette le rôle de soutien, de béquille. Dans le deuxième cas, vous pensez que la cigarette apportera plus de plaisir, de fun. Vous attribuez une valeur positive à la cigarette.

Dans les deux cas, votre cerveau, qui était sur pause jusqu'à maintenant, n'a qu'une seule option possible : fumer = solution. Et parce que c'est la seule option qui semble s'offrir à vous, vous cédez !
L'astuce dans ce jeu est de reconnaître ces pièges et d'avoir un arsenal de stratégies pour les déjouer. Ne laissez pas ces émotions réveiller le « bouton rouge ». Gardez le contrôle de votre manette et continuez à jouer en tant que non-fumeur victorieux.

Pourtant, soyons honnêtes, ce scénario est un peu ridicule quand on y pense. La simple action de fumer une cigarette peut-elle vraiment changer tout le paysage de votre réalité ? Le simple fait de libérer de la fumée peut-il transformer du vin en champagne pétillant ? La réalité est bien différente.
Et sur le revers de la médaille, il y a ces moments difficiles où la vie vous lance un défi redoutable et où la cigarette semble être la seule baguette magique pour tout résoudre. Comme si elle était une superhéroïne au service de la détresse humaine, prête à vous sauver. Mais la simple combustion d'un cylindre de papier peut-elle vraiment résoudre des problèmes complexes ? Cela reviendrait à croire que votre téléphone portable peut faire office de parapluie lorsqu'il pleut.

Prenons un instant pour réfléchir. Y a-t-il eu un moment où la cigarette a vraiment résolu vos problèmes ? A-t-elle transformé fonda-

mentalement votre réalité ou bien a-t-elle simplement créé une illusion temporaire ?
Il est temps de prendre du recul et de voir la vérité en face. La cigarette n'a jamais été une solution. Elle n'a pas rendu votre vie meilleure, elle vous a simplement convaincu qu'elle le faisait. Elle n'a pas résolu vos problèmes, elle les a repoussés, les a cachés sous un tapis de fumée, avant qu'ils ne réapparaissent, parfois plus grands et plus complexes.

LE PIÈGE PSYCHOLOGIQUE DE LA RECHUTE

Pour remonter le temps, rappelez-vous le jour où vous avez arrêté de fumer. Peu importe la raison qui vous a poussé à le faire. À ce moment-là, vous avez instauré une sorte d'interdiction psychologique à la cigarette, un interdit choisi et non subi par vous. Cependant, ce moment où vous avez repris la cigarette équivaut un peu à avoir franchi la porte de l'interdit que vous aviez érigée. Vous avez cassé la clôture, **ouvrant la voie à la permission**. Une fois que la permission s'installe, elle a tendance à se répéter. Un peu comme la boîte de Pandore, une fois qu'elle est ouverte, il est difficile de la refermer. **Vous avez enfreint votre propre interdit.** Une petite bouffée de-ci, une cigarette occasionnelle de-là, et soudain vous avez invité la cigarette à faire la fête dans votre vie. Dès lors que cette permission est accordée une fois, elle ouvre la voie à une deuxième, une troisième... Cela se termine en version *open bar* ! C'est le début du cercle vicieux, l'ouverture totale sur la cigarette.

La réalité est implacable : une seule cigarette réactive ce schéma et ravive le lien. La clé réside dans la compréhension que le « juste une » n'est pas anodin, et qu'il est le déclencheur d'une série d'autres cigarettes. Cela équivaut à ouvrir à nouveau une porte qu'on avait fermée depuis longtemps, laissant ainsi entrer ce qui était censé être exclu.

Il est essentiel de comprendre qu'un changement de perception de la cigarette est nécessaire. Tant que vous maintiendrez l'idée que la cigarette est une solution, vous continuerez à trouver des raisons pour revenir à elle, étant normalement à la merci des aléas de la vie et de vos propres perceptions.

De plus, pensez-y, même si vous craquez pour ce fameux « juste une cigarette », son goût sera franchement infect. Cela peut sembler rassurant sur le moment, comme si ce mauvais goût indiquait qu'on avait évolué au-delà de la cigarette, qu'on était vraiment non-fumeur. Ce goût immonde n'est en réalité que l'amer goût de la cigarette que vous avez oubliée. Oui, cela vous rassure et vous conforte dans l'idée que vous êtes passé à autre chose ! Mais en réalité, voilà le hic : votre cerveau, lui, réagit différemment à ce « juste une ». Il se souvient de la sensation de nicotine et de sucre, une combinaison qu'il a appréciée. Il risque de se réveiller progressivement et de vouloir chercher doucement cette stimulation qui lui semble agréable.

Alors, ne vous déchargez pas de votre responsabilité en vous faisant passer pour une victime en invitant de nouveau la cigarette dans votre vie. **Vous n'êtes pas obligé de la fumer, c'est un choix que vous faites.** Vous êtes responsable de vos actions. Que vous fumiez ou que vous ne fumiez pas, tout cela ne relève que d'un choix. Ne vous victimisez pas, soyez conscient de vos choix, et rappelez-vous que personne ne vous oblige à fumer ou à arrêter. C'est une décision que vous prenez.

LA NOSTALGIE DE LA CIGARETTE : UNE HISTOIRE D'AMOUR QUI A MAL TOURNÉ

Il est tout à fait naturel qu'à certains moments vous ressentiez une forme de nostalgie de la cigarette. Comme lorsqu'on repense à une ancienne histoire d'amour. Vous avez peut-être, autrefois, aimé quelqu'un. Cette relation vous a apporté des moments de bonheur, de complicité, de réconfort. Et puis, avec le temps, vous avez découvert son vrai visage. Vous avez compris que cette relation était devenue toxique, qu'elle vous faisait plus de mal que de bien. Il a fallu du courage pour dire stop.

Même après la séparation, les souvenirs ne disparaissent pas. Ils font partie de votre histoire. Ils ressurgissent parfois avec une pointe de tendresse ou de mélancolie. Pourtant, cela ne signifie pas que vous regrettez votre décision. Cela révèle simplement que vous êtes humain.

Il en va de même avec la cigarette. Il est normal de se souvenir des moments où elle semblait agréable, où elle était associée à des instants de détente, de fête, de convivialité. Mais ces souvenirs ne sont pas un danger. Ils ne prouvent pas que vous allez rechuter. Ils prouvent seulement que vous avez une mémoire de fumeur. Une mémoire qui garde des traces de votre ancienne vie, tout comme la mémoire garde le souvenir d'une ancienne relation. Ce n'était pas la cigarette qui rendait ces moments heureux. Ces moments l'étaient eux-mêmes. La cigarette était simplement là, présente par habitude. Aujourd'hui, vous connaissez son vrai visage. Vous avez vu derrière l'illusion. Vous avez compris qu'elle n'a jamais été la solution, mais plutôt le problème déguisé. Alors, si parfois une pensée nostalgique revient, accueillez-la sans crainte.
C'est un souvenir, pas un signal de rechute. Vous avez tourné la page et vous n'êtes plus prisonnier de cette histoire.

LES MENSONGES QUI ENTRETIENNENT LA DÉPENDANCE

La première étape pour briser les chaînes du tabagisme est de reconnaître sans équivoque que la cigarette n'a jamais été une solution réelle. Soyons honnêtes, fumer une cigarette n'a jamais résolu aucun problème, n'a jamais apaisé durablement une émotion ou amélioré une situation de vie. Une fois que nous avons bien intégré cette vérité, nous pouvons passer à l'étape suivante.

La deuxième étape est de reconnaître que notre cerveau est conditionné par des années de répétition. C'est le seul réflexe qu'il connaît face aux émotions et aux situations de la vie qui nous font rechuter. Un peu comme si notre esprit était coincé dans une boucle, jouant encore et encore le même vieux disque rayé. Il est important de comprendre que le formatage « fumer = solution » est la principale raison pour laquelle nous retombons dans le piège de la cigarette. Il est temps de briser ce cycle et de créer une nouvelle réponse automatique.

La vraie transformation commence lorsque nous passons de « fumer = solution » à « fumer = problème », ou du moins que nous neutralisions cette information. Nous devons convaincre notre esprit que la cigarette est la source de nos maux, non pas la solution à nos soucis.

Cela équivaut un peu à nous réveiller d'un long rêve pour comprendre que la cigarette est la clé d'une prison en or, belle en apparence, mais qui maintient en captivité. C'est le moment où nous prenons conscience que la vraie liberté réside dans le fait de briser ces chaînes mentales. Il est temps de créer de nouvelles associations et de générer une nouvelle réponse automatique différente.

Cela ne se fera pas du jour au lendemain, mais avec une conviction inébranlable que la cigarette est le problème, pas la solution, et un engagement à rééduquer notre cerveau, nous pouvons reprendre le contrôle de notre vie. La clé réside dans la transformation de nos schémas de pensée pour atteindre une véritable liberté durable.

24 CE QUE LES INDUSTRIELS DU TABAC NE VEULENT SURTOUT PAS QUE VOUS SACHIEZ

LE MENSONGE AUTOUR DE LA NICOTINE

Nous donnons beaucoup de pouvoir à la nicotine. Pourtant, des études récentes montrent que la nicotine seule ne rend pas dépendant. Il n'existe d'ailleurs pas de trafic de nicotine, comme c'est le cas pour toutes sortes de drogues. Si la nicotine rendait aussi dépendant que l'héroïne, les narcotrafiquants se seraient sans aucun doute emparés du marché ! Or, il n'en est rien. Ce qui est sûr, c'est que l'industrie du tabac a intérêt à cultiver ce mythe. En effet, un individu persuadé qu'il est « accro » à une substance, ne remet pas en cause cette croyance et craint les conséquences que l'arrêt provoquerait.

Il existe plus de 95 % de chances que vous ne vous leviez pas la nuit pour fumer, n'est-ce pas ? Si c'est pourtant le cas, il y a autant de chance pour que vous soyez réveillé par une autre cause (insomnie, besoin naturel). D'autre part, n'est-il pas vrai que la plupart des fumeurs sont capables de rester dans un endroit public (magasin, administration, train, avion, cinéma) pendant plusieurs heures sans fumer ? Ce n'est pas le cas d'une personne véritablement dépendante à une substance, ou alors au prix d'une grande souffrance. Est-ce une souffrance intolérable lorsque vous prenez un avion long-courrier ? Bien sûr, cela dépendra des personnes et de la manière dont est anticipé ce vol. Mais physiologiquement, vous êtes capable de le faire. Pensez-vous réellement être dépendant ?

La cigarette a un réel impact physique, mais il ne s'agit pas pour autant d'une dépendance qui s'apparente à celle d'un toxicomane. Vous fumez votre première cigarette tous les matins de la même manière, il s'agit là d'un rituel, d'une habitude bien ancrée dans votre quotidien. Vous pouvez d'ailleurs faire une grasse matinée, vous lever 2 heures plus tard et fumer cette première cigarette comme lors d'un jour ordinaire ! Voilà un acte ritualisé. Combien d'entre vous ont besoin de déjeuner ou bien de se préparer avant de fumer ? Si ce n'est pas votre cas, vous en connaissez forcément !

Considérons les femmes enceintes qui arrêtent brusquement dès l'annonce de leur grossesse. Ou encore l'exemple de ceux qui observent le Ramadan : ils cessent sans difficulté pendant la journée, mais reprennent le soir venu. Ces exemples démontrent bien qu'il ne s'agit en aucun cas d'une dépendance physique telle qu'on se l'imagine, sinon vous seriez incapable de vous contrôler dans certaines situations.

Il est donc important de comprendre que 90 % de votre dépendance est d'ordre psychologique. Si vous acceptez que la cigarette ne doive pas être présente, alors elle n'occupera même pas vos pensées. Combien de personnes ne fument pas en présence de certaines personnes, voire de leurs parents ?

Quand vous vous dites « il n'y en a pas, et c'est d'accord ainsi », cette acceptation vous évite même d'y penser.

→ Accepter l'interdiction que vous vous imposez ou celle instaurée dans certains contextes vous libère psychologiquement et vous fait oublier la cigarette.

→ Refuser cette interdiction, qu'elle vienne de vous ou de l'extérieur, entraînera inévitablement une lutte intérieure.

Vous n'éprouverez pas de manque physique en arrêtant de fumer, aucune douleur intense dans le corps n'est à craindre. Il faut environ trois jours pour éliminer complètement toute trace de nicotine de votre organisme. Je m'adresse à tous ceux qui pensent encore être dépendants de la nicotine : logiquement, si vous ne fumez pas pendant trois jours, vous n'avez aucune raison de continuer !

MAIS POURQUOI VOUS MENT-ON AU SUJET DE LA NICOTINE ?

Tout simplement parce que les industriels du tabac ne veulent pas que vous arrêtiez de fumer ! En réalité, il y a deux raisons pour lesquelles on entretient ce mythe :
→ Si l'idée circulait de ne pas être dépendant physiquement à l'image de ce que vous croyez, vous songeriez plus facilement à arrêter de fumer.
D'ailleurs, n'est-il pas insensé d'opérer un sevrage avec la même substance qui vous rend soi-disant dépendant **en utilisant des substituts nicotiniques** ? Pensez-y...

LE MENSONGE DE LA CIGARETTE ÉLECTRONIQUE

On répète aux jeunes que la cigarette électronique serait « le premier pas vers le tabagisme », comme s'ils n'y étaient pas déjà. Pourtant, **vapoter, c'est déjà fumer** – même sans tabac. Car au fond, **qu'est-ce que fumer ? C'est porter un objet à la bouche, inhaler une substance, recracher une fumée**, et surtout : associer ce geste à un besoin émotionnel ou mental. Le rituel est le même, la dépendance aussi. La seule différence ? La cigarette électronique se camoufle mieux : elle ne sent pas, ne dérange pas, se glisse partout. Elle gomme les limites de temps, de lieu, de contexte. Résultat : **on vapote tout le temps, partout**, sans même s'en rendre compte. Il n'y a plus de pause : **il y a fusion avec l'objet.**

Et surtout, le conditionnement reste intact : on continue de croire que « vapoter = solution ». Solution contre le stress, l'ennui, l'émotion... Le cerveau enregistre et renforce ce lien à chaque bouffée.

Ce n'est donc pas une porte d'entrée vers le tabagisme : c'est déjà une prison, simplement repeinte avec des couleurs plus douces et des arômes fruités.

Les gens me consultent pour arrêter de vapoter car il s'agit exactement de la même dépendance que la cigarette !

ARRÊTER DE FUMER : BIEN PLUS FACILE QU'IL N'Y PARAÎT

Il est parfois difficile de s'imaginer supprimer une habitude lorsque celle-ci est bien ancrée. Nous passons davantage de temps à tenter de nous rassurer que d'arrêter de fumer. Pourtant, il est tout à fait possible d'y parvenir si nous communiquons de la bonne manière avec notre cerveau. C'est là tout l'objet de ce livre.
La vraie question est celle-ci : avez-vous véritablement envie d'arrêter ? Je rencontre très souvent des personnes qui confondent l'envie et les moyens pour la satisfaire. Or, ces deux notions ne veulent pas dire la même chose. Il est possible d'avoir envie de faire quelque chose, mais de ne pas avoir le courage de se lancer vraiment. Ce n'est pas parce que vous n'avez pas encore la capacité de le faire que vous n'en avez pas l'envie.

LE MOMENT DE VÉRITÉ

Si la nicotine n'a jamais eu le pouvoir qu'on lui prétend et si le manque physique est quasiment inexistant lorsqu'on arrête, alors qu'est-ce qui vous empêche de vous lancer ? Vos croyances et vos peurs !

Tout repose sur une simple croyance erronée : celle que fumer vous apporte quelque chose. Une fausse récompense, un faux soulagement. Regardez bien la question sous un autre angle.

Si je vous dis que vous êtes libre dès maintenant, que vous pouvez éteindre cette cigarette et ne jamais en rallumer une, que tout ce que vous redoutez n'existe pas... Que faites-vous ? Vous doutez, et c'est bien normal. On ne détruit pas une illusion en un instant. Mais maintenant que vous avez lu ces lignes, vous ne pourrez plus jamais regarder la cigarette de la même manière. Vous venez d'ouvrir une porte qui ne pourra plus jamais se refermer. Et bientôt, vous ferez le choix de ne plus être un pion dans ce système.

La seule question qui réside est : à partir de quelle page prendrez-vous votre liberté ?

PARTIE VI

REDÉFINIR UNE NOUVELLE VERSION DE SOI

25 L'ART DE L'ACCEPTATION : LA CLÉ DU CHANGEMENT

COMPRENDRE LE CONCEPT D'ACCEPTATION

Si je vous disais que la clé pour arrêter de fumer n'est ni la volonté, ni la discipline, ni même la force mentale... mais l'acceptation ?
Si vous pouviez dès maintenant voir la cigarette pour ce qu'elle est vraiment, sans regret, sans combat intérieur... Que se passerait-il ?
Vous sentez cette résistance en vous, ce doute ? C'est normal. Car pour l'instant, vous ne l'acceptez pas totalement. Vous voulez arrêter, mais une part de vous s'accroche encore à votre illusion.
L'acceptation est souvent mal comprise. Beaucoup la confondent avec la résignation ou la soumission, mais c'est tout l'inverse. Accepter revient à ne pas subir, cela ne signifie pas que vous devez aimer une situation difficile ni vous y résigner. C'est reconnaître la réalité telle qu'elle est et arrêter de gaspiller son énergie à lutter contre elle pour reprendre le contrôle et agir.
Ne plus fumer ne doit pas être un combat. C'est un choix, une évidence. Et ce choix ne peut exister que lorsque vous acceptez pleinement que la cigarette n'a jamais rien résolu.

L'ACCEPTATION : LE LEVIER QUI CHANGE TOUT

Pourquoi est-ce si puissant ? Parce que tant que vous luttez, vous êtes enchaîné. Tant que vous croyez que la cigarette vous apporte quelque chose, vous lui laissez du pouvoir. Tant que vous pensez que l'arrêt est une privation, vous résistez.
L'acceptation libère une ressource précieuse : votre énergie mentale. Chaque jour, vous perdez du temps et de la force à lutter contre des pensées parasites, à nourrir des peurs qui n'ont pas lieu d'être. Mais lorsque vous acceptez pleinement votre nouvelle réalité de non-fumeur, ces pensées s'effacent. Vous cessez de vous battre et commencez à avancer.

L'acceptation est la clé d'une attitude résiliente. En l'intégrant pleinement, vous ne subissez plus les obstacles, vous les transformez en opportunités. Et c'est exactement ce que nous allons explorer dans les chapitres suivants : comment l'acceptation de soi, des émotions et des circonstances peut vous propulser vers une liberté et une réussite durable.

ACCEPTER POUR SE LIBÉRER : LE VÉRITABLE DÉCLIC

Tout fumeur, ou presque, veut arrêter. « J'aimerais bien arrêter, je sais que ce n'est pas bon pour moi, mais... » Ce « mais » est précisément ce qui vous maintient enfermé. Ce « mais » est le refus d'accepter une vie sans cigarette. C'est cette dissonance qui fait échouer tant de tentatives d'arrêt.

La cigarette a été un repère, un réconfort, une compagne de route. Mais regardez les choses en face : elle n'a jamais été une solution. Elle n'a jamais apaisé durablement une émotion, elle n'a jamais réglé un seul de vos problèmes. Alors pourquoi continuer à lui donner autant de crédit ?
Lorsque vous acceptez pleinement que la cigarette n'a aucune valeur, qu'elle n'est ni un plaisir, ni un soutien, ni un refuge, le doute s'évapore. Le combat intérieur disparaît.
Et c'est à ce moment précis que tout bascule. Quand vous passez de « je veux arrêter » à « j'accepte pleinement d'être non-fumeur », la lutte disparaît. Vous n'êtes plus en guerre avec vous-même. Vous n'êtes plus en train de renoncer à quelque chose, vous êtes en train de vous libérer. Ce n'est pas un adieu douloureux, c'est une délivrance.

L'ACCEPTATION DE L'INCONNU AVEC CONFIANCE

Vous hésitez encore ? Vous craignez le vide laissé par la cigarette ?
Posez-vous la vraie question : qu'avez-vous vraiment à perdre ?
Passer du désir d'arrêter à l'acceptation pleine de votre nouvelle réalité est essentiel. Peu importe l'objectif – arrêter de fumer, perdre du poids, réussir un projet – le processus est toujours le même.

COMMENT BASCULER DÉFINITIVEMENT VERS L'ACCEPTATION ?

Clarifiez votre « pourquoi ». Qu'est-ce qui vous motive à changer ? Que ne voulez-vous plus vivre ? Visualisez votre vie débarrassée de cette contrainte. Imaginez à quoi ressembleront vos journées, votre liberté, votre énergie retrouvée. Plus votre « pourquoi » sera fort, plus l'acceptation sera naturelle.
Modifiez votre regard sur le changement. Vous ne perdez rien en arrêtant de fumer, au contraire. C'est un gain absolu. Mais pour en être convaincu, il faut cesser de voir l'arrêt comme un sacrifice et commencer à le percevoir comme une libération.
Déprogrammez vos croyances limitantes. Si vous pensez que c'est trop dur, que vous n'en êtes pas capable, alors ce sera effectivement difficile. Mais si vous choisissez de croire que c'est une évidence, que c'est simple, alors votre cerveau trouvera des moyens de le rendre plus fluide.
Engagez-vous pleinement. Ne laissez pas de place au doute. Décidez que vous êtes non-fumeur et agissez en conséquence. Faites-en un engagement personnel, un pacte avec vous-même.
Soyez patient et bienveillant. Le changement ne se fait pas en un jour. Il y aura des moments de questionnement, mais cela fait partie du chemin. L'important n'est pas de ne jamais douter, mais de ne jamais revenir en arrière.
En passant du désir flou à une acceptation inébranlable, vous transformez l'arrêt du tabac en une évidence. Ce n'est plus une bataille, c'est une nouvelle réalité que vous adoptez avec confiance et sérénité.

L'ACCEPTATION DU CHANGEMENT

Vous l'avez compris : accepter l'arrêt du tabac équivaut à ne plus lutter. Accepter, c'est reconnaître que :

→ Ce changement est définitif et radical, mais libérateur.

→ La cigarette n'a jamais été un véritable soutien psychologique.

→ Vous possédez déjà en vous toutes les ressources pour vous en défaire sereinement.

→ De nouvelles habitudes vont naturellement prendre la place de l'ancienne.

→ Il est normal d'avoir des pensées liées à la cigarette au début, mais elles perdront leur intensité.

Refuser l'acceptation revient à rester piégé dans la peur et l'hésitation. Or, ce n'est pas ce que vous voulez. Vous voulez être libre.

LES TROIS ÉTAPES DE VOTRE TRANSFORMATION

1. **La décision :** ce moment précis où vous choisissez de fumer votre dernière cigarette, sans retour en arrière.

2. **La consolidation :** les premiers jours ou premières semaines pendant lesquels vous renforcez votre nouvelle réalité. Vous apprenez à laisser passer les pensées liées à la cigarette sans y répondre.

3. **L'ancrage définitif :** votre nouvelle identité de non-fumeur devient évidente. La cigarette ne représente plus rien, ni tentation, ni manque, ni privation.

Votre cerveau met trois semaines pour créer de nouvelles connexions et installer une habitude. Trois semaines seulement pour que votre réalité change complètement. Ce qui semblait inconfortable au début devient naturel. Ce qui paraissait insurmontable devient un non-sujet. L'acceptation transforme l'arrêt de la cigarette en une transition fluide plutôt qu'en un combat. Alors, prenez cette décision avec confiance. Vous ne perdez rien en arrêtant de fumer. Vous gagnez tout.

26 « ET SI ? » : LA QUESTION MAGIQUE QUI OUVRE DES MONDES

Si vous êtes persuadé que l'arrêt du tabac sera un calvaire, alors il le sera. Mais si vous vous trompiez ?
Cette simple question « et si ? » a le pouvoir de transformer votre perception. Vous avez peut-être entendu cette phrase : « Avec des si, on referait le monde ! » Et si on commençait par refaire le vôtre ?
Pourquoi ? Parce que cette question ouvre la porte à d'autres possibilités. Jusqu'ici, vous avez été enfermé dans une vision où l'arrêt du tabac représentait un combat, une souffrance, une privation. Et si c'était autre chose ?
Prenez un instant et interrogez-vous avec sincérité :

→ Et si j'étais capable d'arrêter de fumer ?
→ Et si ça pouvait être plus simple que je ne l'imagine ?
→ Et si c'était possible de me sentir bien sans cigarette ?
→ Et si, au lieu de perdre quelque chose, j'étais en train de gagner ?

Fermez les yeux et laissez ces questions résonner en vous. Écoutez ce que vous ressentez. Une sensation de soulagement ? De légèreté ? Un début de curiosité ? Peut-être même un sourire intérieur ? Car oui, c'est possible.

Ce que vous croyez influence directement ce que vous vivez. Si, au fond de vous, vous êtes convaincu que vous allez y arriver, alors vous mettrez tout en œuvre pour y parvenir. À l'inverse, si vous êtes persuadé que l'échec est inévitable, vous trouverez sans le vouloir des raisons pour confirmer cette croyance. **Vos croyances déterminent votre réalité !**
Imaginez qu'on vous ait toujours dit qu'il était impossible de courir un marathon. Puis un jour, vous découvrez des milliers de personnes qui l'ont fait. Et s'ils avaient simplement décidé que c'était possible ? Ce n'était pas un miracle, juste un changement de perception.
Et si le seul obstacle entre vous et la liberté était une idée fausse qui vous a été inculquée ? Les industriels du tabac, la société, votre entourage… tous ont contribué à façonner votre vision du tabac et de l'arrêt. Et si, en réalité, arrêter de fumer n'était pas si compliqué, mais que vous aviez simplement été conditionné à croire le contraire ?

Prenons un autre instant pour projeter une nouvelle réalité. Imaginez qu'il soit possible de voyager dans le temps et d'atterrir dans votre futur, là où votre problème est déjà résolu. Vous êtes non-fumeur, détendu, libéré du stress de devoir « tenir bon ». Vous êtes tout simplement bien. Vous pouvez alors analyser comment vous avez fait pour en arriver là. Vous comprenez que ce n'était pas une montagne, mais un simple pas après l'autre.
Comme l'évoque Mel Robbins dans son ouvrage *La Règle des 5 secondes*, il ne faut pas attendre de se sentir prêt ou motivé pour agir car sinon vous ne ferez jamais rien. Ce n'est pas la motivation qui déclenche l'action, mais bien l'action qui fait naître la motivation. C'est justement parce que vous avez **agi, même sans vous sentir prêt**, que vous avez enclenché le changement. Ce ne sont pas les grandes déclarations intérieures qui vous transforment, mais les petits pas concrets, répétés.
Ce que vous faites façonne ce que vous ressentez. Vous pourriez vous répéter mille fois que vous êtes quelqu'un de bien, mais cela n'aura un véritable impact que si vous commencez à agir en conséquence. Vous agissez d'abord, puis la confiance, la fierté et la liberté suivent.

Et justement, voici une clé en or : croire fermement en quelque chose n'est pas toujours nécessaire pour que cela fonctionne. Combien de personnes se sont bridées en pensant qu'elles devaient d'abord être parfaites avant d'oser ? Cette quête de perfection ne les a pas rendues plus compétentes, même si elles étaient persuadées du contraire.

Par exemple, si vous répétez « je suis pauvre, mais je serai riche un jour », vous ne faites que souligner l'écart entre votre réalité actuelle et votre objectif. Mais si vous commencez à agir comme si vous étiez déjà prospère, quelque chose change. Vos actions s'alignent, et petit à petit votre réalité se transforme.
Le phénomène est identique pour l'arrêt du tabac. Si vous attendez de vous sentir totalement prêt ou convaincu à 100 % avant d'agir, vous risquez d'attendre longtemps. Mais si vous commencez à vous comporter *comme si* vous étiez déjà non-fumeur, alors progressivement cette identité deviendra la vôtre.

27 L'IMAGINAIRE : QUAND L'ESPRIT CRÉE LA RÉALITÉ

L'IMPACT DE L'IMAGE DE SOI

Je vous invite à tenter une expérience fascinante, loin d'être une simple blague. Suivez ces étapes et promettez-moi de les effectuer juste après. Prenez-vous au jeu !

→ Pour cela, tenez-vous debout, les pieds bien ancrés au sol. Tout au long de cet exercice, gardez cette même position. **Commencez par tendre votre bras devant vous, l'autre bras est le long du corps, et tournez votre buste sur lui-même aussi loin que possible, les pieds fixes, le bras toujours tendu, les yeux ouverts.** L'objectif est bien d'aller le plus loin possible dans la torsion, sans pour autant vous faire mal, mais simplement de déterminer votre limite. Prenez un repère visuel de l'endroit où votre bras s'arrête lorsque vous atteignez cette limite, puis revenez à la position de départ, les deux bras le long du corps.

Allez-y, effectuez cette première étape !

Ensuite, fermez les yeux tout en maintenant votre posture. Visualisez mentalement que désormais vous avez énormément de souplesse, que vous êtes un héros de l'élasticité, ce qui vous permet d'aller beaucoup plus loin dans ce mouvement avec facilité et aisance, comme si vous étiez incroyablement souple. **Imaginez-le vraiment dans votre esprit** et voyez votre bras partir beaucoup loin dans ce mouvement, à au moins 30, 40 voire 50 cm plus loin, avec facilité. De plus, ressentez la satisfaction d'y parvenir ! Bien, maintenant, rouvrez les yeux et refaites le même mouvement physiquement, avec cette intention d'aller encore plus loin.

→ Qu'observez-vous ? Avez-vous été plus loin cette fois ? Si rien n'a changé, peut-être n'avez-vous pas pleinement participé à l'exercice. Avez-vous réellement visualisé ce mouvement allant plus loin ? Si les résultats n'étaient pas au rendez-vous, je vous encourage à retenter avec une concentration accrue. Pour ceux qui ont réussi, félicitations !

Analysons maintenant ce qu'il s'est passé. Beaucoup sont surpris d'avoir pu aller plus loin avec aisance, même s'ils pensaient avoir déjà atteint leur limite. Serait-ce parce que vous avez répété le mouvement deux fois ? En réalité non, cela n'a rien à voir !
Que nous montre réellement cette expérience ? Tout simplement que l'image que vous percevez de vous-même est en grande partie responsable de vos propres limites, tout en étant la clé pour les dépasser. Vous êtes paralysé à cause de vos limites. **Votre imagination est un outil extrêmement efficace pour repousser vos limites. Elle fonctionne comme un GPS mental : chaque pensée, chaque image que vous créez dans votre esprit équivaut à entrer une adresse de destination. Cette instruction oriente votre cerveau, lui indique la direction à suivre et finit par influencer concrètement votre réalité.**

Ainsi, prenez un temps pour confronter votre projet de changement (redevenir non-fumeur) à vos représentations internes imaginées. Comment vous percevez-vous ? Victorieux ou perdant ?

> Si vous avez tendance à créer dans votre esprit des constructions limitantes, il s'agit de la source de votre difficulté à arrêter de fumer. C'est en changeant les modalités de vos représentations internes que vous pouvez résoudre ce problème et construire une tout autre image de vous-même : une personne qui dépasse ses limites en réalisant ce qu'elle désire être.

LE POUVOIR DE L'IMAGINAIRE

> **Votre cerveau ne fait pas la différence entre l'imaginaire et la réalité. Que vous soyez en train d'imaginer une scène de votre vie ou que vous la viviez réellement, il la perçoit de la même manière.**

Pour appuyer mon propos, laissez-moi vous décrire une expérience réalisée sur un coureur professionnel. Après lui avoir posé des capteurs sur le crâne, il lui est demandé de courir sur 200 m. Ici, l'objectif est de mesurer la fréquence de l'activité cérébrale pour déterminer la zone du cerveau qui s'active lorsqu'il court.

Ensuite, ce même coureur s'est assis, a fermé les yeux et s'est imaginé courir cette même course. Et devinez quoi ? Son cerveau a activé exactement les mêmes zones que lorsqu'il courait réellement. C'est troublant, n'est-ce pas ?
Vous vous demandez peut-être comment il est possible que votre cerveau ne fasse pas la différence entre imaginaire et réalité ? Cette expérience met en lumière le rôle crucial de votre imaginaire dans vos attentes et vos résultats à venir.

LE POUVOIR DU FOCUS

Je vais vous raconter l'histoire inspirante de Roger Bannister. Athlète britannique, Roger fut le premier homme à courir le mile en moins de quatre minutes. À l'époque, cette limite était considérée comme infranchissable. Les médecins eux-mêmes pensaient que le corps humain ne pouvait pas supporter un tel effort. Mais Roger n'a pas laissé cette croyance collective dicter ses performances. Il a orienté son esprit uniquement vers la réussite, visualisant encore et encore son exploit avant même de l'accomplir. Et il l'a fait !
Mais le plus fascinant, c'est que dès que Roger a brisé ce record, d'autres athlètes ont suivi. En l'espace de quelques mois, plusieurs coureurs ont eux aussi franchi cette fameuse barrière des quatre minutes. Pourquoi ? Parce qu'une fois la preuve donnée que c'était possible, la croyance limitante s'est effondrée.

Vos croyances déterminent votre réalité. Si vous êtes persuadé que l'arrêt du tabac est difficile, alors il le sera. Vous ancrerez cette croyance dans votre esprit et votre cerveau cherchera inconsciemment à la valider. Au contraire, si vous êtes persuadé de votre succès, alors votre cerveau mobilisera toutes ses ressources pour faire en sorte que cela devienne une réalité.

Il est donc impératif d'identifier vos représentations internes dès lors que vous entamez la démarche d'arrêt du tabac. D'ailleurs, avez-vous déjà pris un moment pour observer les images et croyances qui définissent votre rapport au tabac ? Posez-vous les bonnes questions et soyez sincère avec vous-même. Pensez-vous être en mesure de redevenir non-fumeur ? Croyez-vous cela facile ?

Lorsque vous aurez arrêté, vous sentez-vous capable de faire face à certaines situations tentatrices ? Pensez-vous pouvoir gérer vos émotions sans cigarette ?

En répondant à ces questions, vous générez automatiquement une image dans votre esprit qui constitue vos représentations internes. Il faut ensuite remplacer vos représentations internes négatives par des représentations positives de façon automatique pour obtenir des résultats efficaces. Autrement dit, votre cerveau influence votre perception bien avant que les événements ne se produisent.

Avez-vous déjà consulté un médium pendant un moment de doute ou de *blues* ? Si oui, il vous a probablement décrit un avenir positif, et vous êtes ressorti avec un regain d'énergie et de confiance en vous. Et étonnamment, les choses se sont ensuite alignées dans ce sens. Pourquoi ? Parce que ses mots ont planté en vous une croyance nouvelle, qui a façonné votre état d'esprit et votre façon d'agir.
Alors pourquoi ne pas devenir votre propre voyant ? Cultiver des attentes positives équivaut à vous donner l'opportunité de construire un futur à la hauteur de vos aspirations. Tout commence par votre *focus* : ce sur quoi vous portez votre attention grandit.

Tout le monde sait que le simple fait de sourire produit des endorphines, qui procurent un sentiment de bien-être. Ce qui signifie que changer votre état intérieur peut littéralement transformer votre ressenti, vos actions et vos résultats.
Et si vous décidiez que votre arrêt du tabac était une réussite totale ? Et si, au lieu d'y voir un combat, vous y voyiez une transformation positive ?
Vous pouvez choisir dès maintenant de considérer cette transition comme un tremplin : un passage vers une vie plus libre, plus saine, où vous reprenez pleinement le contrôle. Ce n'est pas juste un jeu de l'esprit, c'est une stratégie puissante pour reprogrammer votre cerveau et transformer ce changement en une victoire absolue.

Anecdote

Il y a près de vingt ans, une information a bouleversé ma vie. À l'époque de ma formation pour devenir sophrologue, j'étais convaincue que je ne réussirais jamais mon examen. Mes expériences passées semblaient confirmer cette croyance. L'année du baccalauréat avait été particulièrement difficile pour moi. Les examens me terrifiaient, surtout les oraux. J'étais de celles qui ne parlaient pas en classe, qui n'osaient jamais prendre la parole. Et quand cela arrivait, je rougissais et mon cœur s'emballait... Je redoutais véritablement cet examen et j'étais persuadée de mon échec. Et devinez quoi ? C'est exactement ce qui s'est produit. Je n'ai pas eu mon bac et, honnêtement, cela n'avait rien de surprenant, car je n'y croyais pas une seconde.

La deuxième tentative n'a pas été bien meilleure. Je manquais toujours de confiance en mes capacités. J'ai fini par obtenir mon examen de justesse, mais cela a été un véritable calvaire pour moi. Pourquoi je vous raconte tout cela ? Parce que j'ai grandi sans confiance en moi et avec une estime de moi-même très faible. Lorsque j'ai commencé mes études de sophrologie, j'étais convaincue que j'allais échouer et que l'histoire allait forcément se répéter. Cependant, un jour, lors d'une soirée avec des amis, j'ai mentionné que je n'aurais pas mon diplôme, car j'étais trop nulle. C'était tellement évident pour moi que j'étais convaincue que j'allais échouer.

Pourtant, ce soir-là, une amie m'a interpellée en me demandant : « Caro, tu es certaine de ne pas réussir, n'est-ce pas ? » Bien sûr que oui, j'en étais persuadée, je me sentais nulle. Et elle a répondu : « OK, si tu es si sûre de ne pas réussir, alors qu'est-ce que ça te coûte de penser que c'est possible ? » Cette question m'a secouée. Qu'est-ce que ça me coûte, vraiment, de croire que c'est possible ? J'ai commencé à comprendre que cela ne me coûtait rien, étant donné que je partais déjà de zéro et que je considérais tout comme perdu d'avance. Donc, au bout du compte, je n'avais rien à perdre.

L'impact des paroles de mon amie a été profond, elles sont restées gravées en moi. Grâce à cette simple remarque, j'ai appris à reprogrammer ma façon de penser. J'ai commencé à imaginer que c'était possible. À mesure que je me préparais pour l'examen, cette pensée grandissait et, peu à peu, une conviction positive s'installait. Quelques jours avant l'épreuve, j'étais persuadée que je pouvais réussir. Cette croyance m'a permis de mobiliser des ressources que je ne soupçonnais pas en moi.

Le jour de l'examen, j'étais tendue mais déterminée à me confronter à ce défi. Et là, tout s'est joué : tous mes camarades avaient fini leur épreuve le matin, sauf une amie et moi. Notre attente pendant le déjeuner était pesante. Finalement, face à l'examinatrice, j'ai été étonnée de découvrir que mon stress ne s'était pas du tout reflété, au point même que mon calme avait surpris ma professeure, qui justement m'avait demandé si j'étais stressée. Je lui avais répondu que oui, terriblement ! J'ai été félicitée par le jury, et cette victoire a été une explosion de joie pour moi !

Cette expérience a bouleversé ma vision des choses. Chaque projet, chaque entreprise était désormais teintée de réussite. Ce jour-là, j'ai compris que je pouvais surmonter mes doutes et mes peurs en adoptant la bonne mentalité.

LA LEÇON DE VIE INSOUPÇONNÉE

Prenons maintenant l'exemple du permis de conduire. À l'auto-école, vous apprenez l'importance du *focus*. Cette notion est absolument essentielle pour pouvoir conduire ! D'ailleurs, lorsqu'on apprend à conduire, on reçoit une super leçon de vie. Une question simple est posée : « Où devons-nous regarder quand on conduit ? » Les réponses habituelles fusent : les rétroviseurs, devant, sur les côtés, en arrière... Mais ce n'est pas tout à fait juste. Peu de gens donnent la bonne réponse ! En réalité, il faut regarder là où l'on veut aller ! Si vous regardez droit devant alors que vous devez vous déporter vers la gauche, cela pourrait bien poser un problème. **Il faut toujours regarder là où on veut aller !** Il en va de même avec votre arrêt du tabac.

Maintenant, imaginons que vous souhaitiez acheter une voiture. Vous commencez par vous renseigner sur les différents modèles, les marques, les couleurs, les options, etc. Et puis, à force d'orienter votre *focus*, votre attention, sur un modèle précis et une couleur précise, vous finirez par voir cette voiture à tous les coins de rue ! Rien d'anormal, il s'agit du « système d'activation réticulaire » (SAR) qui se met en route. Je m'explique. Chaque jour, nous recevons des millions d'informations (cognitives, visuelles, sensorielles, olfactives, émotionnelles, etc.). Le SAR est comme une sorte de gardien à l'entrée de notre cerveau, qui va filtrer ces informations pour ne garder que celles qui nous intéressent. Ces informations sont intéressantes uniquement parce que nous l'avons décidé ! Elles sont en lien direct avec nos croyances, nos intérêts, notre vécu, etc.

Revenons au modèle de voiture qui vous intéresse et que vous voyez partout. Il ne s'agit pas d'une coïncidence ! En effet, tout le monde ne s'est pas subitement mis à acheter ce modèle de voiture. Le SAR a choisi de porter votre attention sur ces informations parce qu'elles font désormais partie de ce qui est important pour vous.

Le SAR tient une place importante dans la construction de notre réalité. Il sélectionne uniquement les informations fidèles à nos croyances. Ainsi, en fixant votre attention sur votre objectif et en nourrissant cette attention, le scénario que vous souhaitez vivre aura plus de chance de se réaliser, car le SAR occultera vos frustrations.

28 L'ART DE FAIRE « COMME SI » : LE RÔLE DE LA PERSONNE QUE VOUS VOULEZ ÊTRE

QUEL RÔLE JOUER ?

Prêt pour un petit saut dans le temps ? Lorsque nous étions enfants, nous étions de véritables éponges, absorbant toutes les informations autour de nous simplement en observant ceux qui peuplaient notre quotidien. Ces observations, nous les utilisions ensuite dans nos jeux, incarnant divers rôles, comprenant peu à peu que la société fonctionne comme un grand théâtre rempli de différents personnages. Puis vient l'adolescence, cette période tumultueuse de quête d'identité où nous essayons divers masques, certains nous allant mieux que d'autres. C'est un temps de recherche intense, de découvertes, jusqu'à ce que finalement, nous trouvions notre propre voie, notre propre rôle. Cette affirmation de soi devient cruciale pour entrer dans l'âge adulte avec stabilité. Une fois celui-ci atteint, les changements de rôle se font plus rares, ou du moins de façon plus subtile.

Aujourd'hui, vous rendez-vous compte à quel point vous étiez influencé par des modèles qui ne vous convenaient pas, simplement parce qu'à l'époque vous étiez impressionnable ? Au moment de l'adolescence, la quête identitaire pousse souvent à l'apprentissage de la cigarette. Nous transgressons un interdit et cherchons la reconnaissance d'un groupe. Malheureusement, ce rôle est celui du fumeur.

LA VIE COMME UN THÉÂTRE

> *« Le monde entier est un théâtre, et tous, hommes et femmes, n'en sont que des acteurs. Ils ont leurs entrées et leurs sorties, et un homme, dans sa vie, joue plusieurs rôles. » – William Shakespeare, Comme il vous plaira, Acte II, Scène VII*

William Shakespeare, ce maître des mots, des scènes et des émotions, savait parfaitement à quel point un bon coup de théâtre pouvait captiver. Pour lui, le théâtre était bien plus qu'un simple spectacle : il était le miroir de la vie, où chaque rôle joué parle un peu plus de nos multiples facettes à travers les âges. Chacun de nous, sans exception, peut jouer un grand nombre de caractères possibles au fil des actes de notre existence, parfois même sans nous en rendre compte.
Et vous, actrice ou acteur de votre propre existence, êtes-vous prêt(e) à peaufiner votre art pour que chaque jour mérite une ovation ? Embrassez votre rôle, car c'est vous qui tenez la plume qui écrit votre script dans ce grand théâtre du monde !

VOS DIFFÉRENTS RÔLES

Vous est-il déjà arrivé de vous dire après une soirée bien arrosée : « désolé, ce n'était pas moi » ou « j'étais vraiment à côté de mes baskets », ou encore « cela ne me ressemble pas, je ne sais pas ce qui m'a pris » ?
Il ne s'agit pas d'un dédoublement de personnalité (non, vous n'êtes pas en plein épisode de schizophrénie), mais simplement d'une autre facette de vous-même qui s'exprime selon les circonstances. Vous êtes bien conscient que vous incarnez toujours la même personne, mais dans un rôle différent, celui de fêtard.

Lorsqu'on parle du tabac, cette dualité est aussi présente :
→ Une part de vous veut arrêter, mais redoute la vie sans cigarette : « Je veux arrêter, mais j'ai peur. »
→ Une autre veut continuer, mais s'inquiète des conséquences sur sa santé : « Je veux continuer, mais j'ai peur. »
Et ainsi vous restez figé, coincé entre ces deux forces opposées, comme un acteur qui hésite entre deux rôles. Un jour, vous êtes convaincu d'arrêter, et le lendemain la peur vous fait reculer. Depuis combien de temps jouez-vous cette scène en boucle ? N'en avez-vous pas assez de porter ce costume mal taillé et bien trop étriqué ? Ce même costume que vous portez depuis bien trop longtemps… Avez-vous vraiment envie d'être la même personne pour le restant de vos jours ? La mode change, et voici l'heure des soldes ! Donc profitez-en pour enfiler un nouveau costume, car un nouveau rôle s'offre à vous, le rôle d'une personne libre, non-fumeuse ! Et pour-

quoi ne pas endosser le rôle du guerrier pour mettre un terme à cette fichue cigarette ? La vie est faite pour évoluer, pas pour rester figé dans un personnage qui ne vous sert plus.

Si vous voulez réussir dans n'importe quel domaine de votre vie, il est essentiel d'adopter dès maintenant l'état d'esprit de celui qui a déjà réussi. Se projeter comme si le changement était déjà une réalité, c'est bien plus puissant que simplement vouloir l'atteindre.
Désirer quelque chose crée souvent un écart entre ce que vous voulez et ce que vous avez aujourd'hui. Cela peut générer une forme de frustration qui freine votre progression. Mais si vous commencez à agir et penser comme la personne que vous voulez devenir, votre esprit comble naturellement ce fossé, vous propulsant vers le succès. **Comme le disait Émile Coué : « Quand l'imagination et la volonté sont en lutte, c'est toujours l'imagination qui l'emporte. »** Alors, pourquoi ne pas utiliser votre imagination à votre avantage ? Pourquoi ne pas commencer à incarner le rôle du non-fumeur dès maintenant ? Après tout, vous êtes le metteur en scène de votre propre vie.

CHANGER DE RÔLE EN TOUTE FACILITÉ

Quel est le secret du métier de comédien ? Tout simplement d'être capable de se glisser dans la peau d'un personnage, de le vivre, de le sentir tant physiquement que mentalement. Et une fois les lumières éteintes, il quitte ce costume aussi facilement qu'il l'a enfilé. Un comédien est un maître hors pair du « faire semblant » !

Voyez cela un peu comme un jeu d'enfants, lorsque vous prétendiez être maman, papa ou docteur, juste pour rire. C'est avec cette même facilité et cette même imagination que vous pouvez envisager un changement dans votre vie. **Jouez le rôle que vous désirez adopter et, avec le temps, ce rôle deviendra vraiment une partie de vous.**

Un fumeur croit qu'il est impossible d'arrêter de fumer sans que la cigarette lui manque. Il est effrayé à l'idée de changer de rôle : passer du rôle de fumeur à celui de non-fumeur. Ainsi, au lieu de se forcer à changer de comportement, c'est-à-dire à arrêter de fumer, il devrait jouer à « faire semblant » d'être non-fumeur. Plus il s'imaginera en train d'incarner ce rôle, plus facilement il l'acceptera. S'il est capable de se visualiser serein, confiant, heureux et prenant du plaisir sans la cigarette, il n'aura pas à se battre pour arrêter.

La plupart des mentors du développement personnel affirmeront que vous bridez votre potentiel à cause de ces vilaines croyances limitantes. Mais alors comment se débarrasser de ces chaînes invisibles, de ces fameuses croyances ? C'est en réalité simple comme bonjour : **commencez par jouer le rôle de quelqu'un qui n'en a aucune !**

Souhaiter quelque chose ne le fait pas apparaître magiquement. Si vous attendez passivement que les étoiles s'alignent, vous risquez d'attendre longtemps. En revanche, « faire semblant » est déjà de l'action pure et dure ! Vous endossez vraiment un nouveau personnage. En agissant et en parlant comme lui, ce rôle commencera petit à petit à prendre vie.
Vous pensez peut-être que je parle juste de motivation par la pensée positive. Détrompez-vous ! « Faire semblant » équivaut à de la pensée positive avec un turbo. La pensée positive seule peut parfois créer plus de conflits internes qu'autre chose, vous demandant de croire à des choses que, au fond, vous savez fausses. Au lieu de vous apporter une nouvelle croyance rafraîchissante, elle peut vous laisser avec un sentiment de déchirement. Jouer un rôle est différent : cela transforme graduellement vos croyances sans les violences d'une révolution intérieure.

LA PENSÉE POSITIVE *VS* « FAIRE SEMBLANT »

Comparons la pensée positive et le « faire semblant » à travers la métaphore du mur.
→ En vous efforçant de croire à l'inexistence d'un mur, votre discours sera le suivant : « Il n'y a pas de mur, il n'existe pas. Je vais simplement... Aïe ! Je me suis cogné... Ma tête ! Ça ne marche pas du tout ! »
→ En « faisant semblant » d'oublier le mur, dites-vous plutôt : « Si ce mur n'était pas là, je pourrais voir de l'autre côté. Mais je vais imaginer et faire comme si j'y étais ! »

En d'autres termes, si vous foncez tête baissée en ne prenant pas en compte la réalité, vous allez vers l'échec. En revanche, si vous jouez à « faire semblant », le mur aura une chance de s'évanouir.

Voici un exemple plus concret pour le fumeur

→ En vous efforçant de croire à votre arrêt du tabac, votre discours sera le suivant : « Je suis non-fumeur, je ne fume plus. C'est terminé, je me sens détendu et confiant... Oh, en fait non, je me sens mal et stressé. Je ne vais jamais y arriver ! Je vais fumer une cigarette, ça me fera du bien ! Oh, mince, je craque encore... J'étais sûre que ça ne marcherait pas. »

→ En « faisant semblant » d'être non-fumeur, vous vous direz plutôt : « Je me demande comment un non-fumeur se sent. Il doit être calme et en confiance comme cette non-fumeuse que j'ai croisée récemment. Elle semblait en pleine procession de ses moyens. Imaginons que je sois comme elle et que je me mette dans sa peau de non-fumeuse... Comme je me sens mieux ! Je fais comme si j'étais détendue et libre. Je suis en bonne santé, car comme elle, je ne fume plus. »

Sans même vous en rendre compte, vous jouez déjà un rôle, celui que vous croyez devoir jouer ou celui que les autres attendent de vous. Mais quel est vraiment votre rôle ?

L'ART DE FAIRE SEMBLANT : QUELQUES EXEMPLES

Comme le disait Mohamed Ali : « Pour devenir un grand champion, vous devez croire que vous êtes le meilleur. Si vous ne l'êtes pas, faites semblant de l'être. »

« Faire semblant » sonne un peu comme tricher, n'est-ce pas ? Détrompez-vous ! C'est en réalité un choix plein de panache : revêtir l'habit de celle ou celui que vous pourriez vraiment être. Les acteurs le savent mieux que quiconque. Quand ils incarnent un personnage, ils ne se contentent pas de réciter des lignes : ils vivent le rôle, adoptent ses pensées, ses gestes, ses émotions. L'acteur Heath Ledger par exemple, pour son rôle du Joker dans *The Dark Knight* (2008), s'est plongé intensément dans le personnage. Il s'est isolé pendant plusieurs semaines dans une chambre d'hôtel pour créer la voix, les tics et l'état d'esprit chaotique du Joker. Il tenait même un journal dans

lequel il écrivait en tant que Joker. Cette immersion totale a eu un effet profond sur sa santé mentale. Peu après le tournage, Ledger a souffert d'insomnie sévère et de troubles psychologiques. Il est décédé quelques mois plus tard, à seulement 28 ans. Une fin tragique, qui laisse le souvenir d'un artiste d'une intensité rare.
Certains acteurs et actrices se sont immergés si profondément dans leur personnage qu'ils ont eu du mal à redevenir eux-mêmes après le tournage. Pourquoi ? Parce que le cerveau ne fait pas toujours la différence entre ce qui est imaginé et ce qui est réel. À force de « faire semblant », le rôle façonne la perception, modifie les comportements et finit par influencer la réalité. Jouer un rôle, même fictif, peut devenir un moyen de créer de nouvelles habitudes, une nouvelle identité, et de provoquer des changements tangibles dans sa propre vie. Ce que vous prétendez être aujourd'hui peut devenir ce que vous êtes réellement demain.

L'exemple des pilotes de chasse

Citons un autre exemple fascinant : l'expérience des pilotes de chasse. Un groupe de volontaires est divisé en deux équipes pour une expérience. Leur mission ? Appuyer sur un bouton dès qu'une lumière s'allume. À ceci près qu'il est demandé au deuxième groupe d'incarner des pilotes de chasse ultra-réactifs, en pleine mission et prêts à tout. Résultat des courses ? Ces derniers ont réagi beaucoup plus vite que ceux du premier groupe. Pourquoi ? Parce qu'ils avaient adopté un rôle, et leurs cerveaux avaient instantanément ajusté leurs réactions. Cela montre que jouer un rôle peut amplifier nos réponses et nos réactions, et à quel point la répétition mentale génère une maîtrise des anticipations. Un peu comme si répéter mentalement nous préparait à gagner la course avant même d'avoir commencé.

Appliquez ce principe à votre arrêt du tabac. Imaginez que vous êtes déjà non-fumeur. Jouez ce rôle, adoptez les pensées, les attitudes et les comportements qui vont avec. Plus vous incarnez cette nouvelle identité, plus elle deviendra naturelle, jusqu'à ce que « faire semblant » devienne simplement « être ».

Au bout du compte, qu'importe s'il s'agit de la vraie vie ou de « faire semblant » tant que le résultat est là ? Ne restez pas à attendre les preuves pour vous lancer, agissez « comme si » vous les aviez déjà, et elles finiront par se matérialiser. Agissez avant d'y croire.

Finalement, c'est le résultat qui compte, même si vous ne croyiez pas pleinement à la démarche au début. Ne restez pas à attendre d'être convaincu pour agir. Lancez-vous, jouez le rôle, et votre cerveau suivra.

À vous de jouer ! Vous devez décider qui vous voulez être, comment vous voulez l'être : un non-fumeur heureux et libre. Ne cherchez plus, faites-le ! Commencez dès maintenant par des actions concrètes. Se contenter de réagir aux circonstances revient à rester une victime.

L'expérience réalisée par Philip Zimbardo

À l'université de Stanford, aux États-Unis, Philip Zimbardo, psychologue réputé, a réalisé une expérience en 1971 au cours de laquelle des étudiants devaient endosser soit un rôle de détenu, soit un rôle de gardien de prison. Très vite, le drame prend de l'ampleur : les « prisonniers » glissent vers la dépression tandis que les « gardiens » durcissent leur jeu et adoptent une attitude brutale face aux prisonniers, à tel point que l'expérience doit être arrêtée prématurément. Après seulement **six jours** (elle devait durer deux semaines), Zimbardo a mis fin à l'expérience.
Cette décision d'arrêter l'expérience a été influencée par Christina Maslach, une jeune psychologue (et future épouse de Zimbardo), qui a observé l'expérience et a été horrifiée par le comportement des gardiens et l'état des prisonniers. Les étudiants se sont tellement immergés dans leurs rôles qu'ils ont commencé à agir et se ressentir comme de vrais prisonniers et gardiens, adoptant des comportements étonnamment réalistes.

> **Pourquoi ne pas utiliser cette capacité d'immersion à votre avantage ? Imaginez-vous dans la peau d'un non-fumeur où la cigarette est un non-sujet. Comment se sentirait-il ? Quelles actions ferait-il ou ne ferait-il pas, à l'inverse d'un fumeur ? En endossant pleinement ce rôle, vous pourriez découvrir une tout autre manière de vivre, sans même penser à la cigarette. En plongeant dans ce rôle, peut-être qu'à l'instar des étudiants de Stanford vous trouverez que jouer un non-fumeur n'est pas simplement du « faire », mais pourrait devenir une partie de vous.**

29 LA PETITE VOIX

Vous connaissez bien votre petite voix intérieure, celle qui murmure : « Tu ne vas pas y arriver ! » Celle qui insinue le doute, qui cherche à vous maintenir dans l'ancien, qui sabote vos élans avant même qu'ils aient pu se concrétiser. Écoutez-la un instant. Comment sonne-t-elle ? Est-elle grave et pesante, comme une sentence implacable ? Est-elle lente et monotone, hypnotisante ? Peut-être a-t-elle le ton autoritaire d'un professeur sévère ou d'un parent qui réprimande ?

Mais maintenant, jouez avec elle. Imaginez cette voix avec le timbre de Mickey Mouse. Oui, vous avez bien lu ! Faites-lui dire « Tu ne vas pas y arriver ! » en couinant. Ajoutez-y un rire absurde. Ridicule, n'est-ce pas ? Tout à coup, cette phrase qui semblait pesante perd toute sa crédibilité. Elle n'a plus d'emprise sur vous.

Vous avez le pouvoir de modifier cette voix intérieure. Si elle revient, ne la combattez pas, transformez-la, de la même façon que j'ai pu le faire avec ma peur des personnages des films d'horreur (p. 89). Faites de cette voix un personnage de dessin animé, un clown maladroit, un robot détraqué. Plus vous la caricaturerez, moins elle aura d'impact sur vous. La prochaine fois qu'elle tentera de s'imposer, vous sourirez en l'entendant… avant de l'ignorer totalement.

Parce que cette voix est simplement votre cerveau qui se méfie du changement. Il est programmé pour analyser, critiquer, vous maintenir dans l'habitude, même lorsque cette habitude vous nuit. Il vous protège… à l'excès. Votre facteur critique lutte contre tout ce qui est nouveau, même ce que vous désirez ardemment. Il vous fige sur place, coincé dans un carcan de croyances obsolètes.
Mais voici la vérité : votre système de croyances orchestre votre réalité. Si vous pensez que vous pouvez y arriver, votre cerveau se met au travail pour le rendre possible. Mais si vous doutez, il capte ces signaux et limite vos capacités. Tout est une question d'état mental. Certains jours, vous vous sentez invincible, tout réussit. D'autres

jours, vous êtes paralysé, en proie au doute et au découragement. Pourquoi ? Parce que **nous oscillons constamment entre états dynamisants** (confiance, amour, conviction) **et états paralysants** (peur, frustration, angoisse).

Et si vous aviez le choix de basculer volontairement vers un état dynamisant ? Si, au lieu d'écouter cette petite voix critiquer, vous la tourniez en dérision, la réduisant au silence par le rire ? Essayez. Jouez avec. Déformez-la. Faites-la devenir insignifiante. Et observez ce qui change en vous.

ACTIVEZ VOS VOIX DE PUISSANCE

Vous avez en vous une collection de voix prêtes à être réveillées.

→ La voix rauque et déterminée de Rocky Balboa qui vous souffle : « Ce qui compte, ce n'est pas la force des coups que tu donnes, c'est le nombre de coups que tu encaisses tout en continuant d'avancer. »

→ La voix calme et confiante de Morgan Freeman, qui transforme n'importe quelle peur en certitude apaisante : « Tu es plus fort que tu ne le crois. »

→ Ou la voix ferme et impitoyable d'un entraîneur comme dans Coach Carter ou R. Lee Ermey dans *Full Metal Jacket*, qui vous pousse : « Arrête de douter. Fonce ! »

Le secret ? Quand vous sentez la démotivation vous gagner, **changez le ton dans votre tête.** Donnez à votre discours intérieur la force de ces voix emblématiques. Parlez-vous comme vous parleriez à votre meilleur ami en difficulté : avec courage, bienveillance... et détermination. **Incarnez ces voix. Jouez-les.** Votre état suit toujours le ton que vous choisissez.

PLONGEZ DANS LE MONDE DES GRANDS CHAMPIONS !

Vous venez de voir comment jouer avec cette petite voix intérieure peut vous aider à réduire son influence. Mais parfois, ces pensées sont profondément ancrées, et les déformer ne suffit pas. Pour aller encore plus loin, il existe une méthode qui permet de contourner ces blocages et d'intégrer le changement de manière naturelle et durable : l'**hypnose**.

Les athlètes d'élite déploient beaucoup d'efforts pour leur préparation mentale : visualisation, relaxation et, surtout, hypnose. Mais que l'hypnose peut-elle vraiment faire pour vous ?

Loin d'être un tour de magie, l'hypnose est plutôt comme une clé mystérieuse qui ouvre une porte secrète dans votre cerveau, un lieu regorgeant de sagesse, d'expérience et de créativité, prêt à vous aider à réaliser des exploits. L'hypnothérapeute ? Il met simplement en pause votre esprit critique, ce gardien souvent trop zélé de vos inhibitions.

C'est justement dans cet esprit que Dave Elman présente l'hypnose : une manière d'entrer en relation avec l'inconscient, en mettant temporairement de côté ce qu'il appelle le « facteur critique », cette partie de nous qui filtre, doute et questionne.

Imaginez que votre subconscient soit une sorte de supermarché géant, stockant toutes vos expériences, émotions et énergies. Pendant ce temps, votre conscient joue le rôle du gérant, qui essaie de comprendre et de rationaliser le monde extérieur. Sa mission ? Défendre le statu quo et justifier vos comportements avec rationalité. Il utilise la logique pour fournir des explications rationnelles à vos comportements. Ainsi, votre esprit critique a deux fonctions :

→ bloquer les idées qui semblent irrationnelles pour les empêcher d'atteindre le subconscient ;

→ fournir des explications logiques pour les comportements émanant du subconscient.

En utilisant l'hypnose pour débloquer votre subconscient, vous pouvez libérer des forces incroyables, vous affranchissant des échecs et critiques du passé. C'est exactement la leçon tirée des mots de Mohamed Ali. Qui sait, peut-être que vous aussi pouvez « faire semblant » jusqu'à devenir le meilleur !

Et le plus fascinant ? À travers la lecture de ce livre et la mise en pratique des exercices proposés, vous accéderez vous-même à ces états d'hypnose. Nul besoin d'un hypnothérapeute à vos côtés : chaque page, chaque exercice vous guide pas à pas vers cette porte secrète de votre esprit.

30 LE POUVOIR DE **LA DÉCISION**

La vie est une série de choix. Chaque jour, chaque heure et chaque minute, nous sommes confrontés à des décisions qui tracent le cours de notre existence. La décision est le pinceau avec lequel vous peignez le tableau de votre vie, et le futur est la toile qui attend vos coups de pinceau. Imaginez un instant que chaque décision soit une porte qui s'ouvre vers de nouvelles opportunités. Lorsque vous choisissez de franchir une porte, vous entrez dans un monde de possibilités, d'aventures et d'apprentissages. Chaque choix que vous faites vous rapproche de vos rêves et de vos objectifs, vous permettant de grandir en tant qu'individu.

Mais voici le revers de la médaille : l'inaction. Ne pas décider, c'est rester figé dans le temps, prisonnier de l'incertitude. C'est laisser passer les opportunités sans même les reconnaître. L'inaction peut engendrer des regrets, des questions sans réponse et des rêves inaccomplis.

Il existe un vieux proverbe qui dit : « Le pire des choix est de ne pas en faire du tout. » L'inconfort de la décision est souvent éphémère, tandis que le poids des regrets peut durer toute une vie. Réfléchissez à cela. Chaque décision, aussi petite soit-elle, vous rapproche de votre destin. Prendre une décision revient à manifester votre pouvoir sur votre propre vie. C'est affirmer votre désir de diriger votre avenir plutôt que de le subir passivement. Alors osez décider. Choisissez la voie qui vous appelle, celle qui résonne avec votre cœur. Même si les conséquences ne sont pas toujours immédiatement évidentes, chaque choix est une opportunité d'apprendre, de grandir et de devenir la meilleure version de vous-même. Ne craignez pas les décisions, car elles sont les piliers sur lesquels vous construirez votre avenir.

N'oubliez jamais : mieux vaut regretter une décision prise que regretter de n'avoir jamais décidé du tout.

Et si vous doutez encore de vos compétences ou de votre capacité à décider, quoi de mieux que d'entrer dans la peau d'un acteur jouant ce rôle à merveille ? Pratiquez l'art de « faire comme si » ! Décidez, agissez et faites de votre vie une œuvre d'art inoubliable.

→ **Et si vous vous testiez ?** Choisissez une journée, avant le jour J de votre dernière cigarette, pour vivre comme si vous étiez déjà un non-fumeur. Adoptez ses gestes, ses pensées, ses comportements. Mettez de la distance, de l'indifférence, voir du mépris face à la cigarette. Faites comme si elle était déjà un non-sujet tout simplement. Prêtez-vous au jeu et faites toutes vos tâches habituelles sans fumer. Observez ce que ça change ! Prenez de l'avance sur votre nouvelle vie, c'est une répétition générale, et elle peut déjà tout changer.

PARTIE VII

L'APRÈS-CIGARETTE : VOS PREMIERS PAS DE NON-FUMEUSE ET NON-FUMEUR

31 VOS PREMIERS PAS **SANS LE VIRUS CIGARETTE**

Vous l'avez fait ! Cette dernière cigarette est derrière vous. Le virus est mort. Vous êtes officiellement libéré. Désormais une question brûle en vous : et après ? Que va-t-il se passer ? Comment allez-vous gérer ce premier jour, cette première semaine ? Comment allez-vous affronter ces moments où la cigarette semblait incontournable ? Ne paniquez pas. Vous allez découvrir ici comment naviguer avec aisance dans votre nouvelle réalité. Rassurez-vous, des milliers d'individus arrêtent tous les jours et s'adaptent très bien au changement, alors pourquoi pas vous ?

Avant tout, comprenez ceci : comme pour tout grand changement, il est normal de traverser une **phase d'adaptation**.
Votre corps, votre esprit et même vos habitudes quotidiennes étaient depuis longtemps organisés autour de la cigarette. Ce n'est pas un échec ou un signe de faiblesse si vous ressentez, à certains moments, l'absence de la cigarette, des émotions parfois plus intenses ou des pensées récurrentes liées au tabac. Il s'agit simplement de votre système nerveux et de vos automatismes qui s'ajustent à une nouvelle réalité. **C'est temporaire.** Cette période d'ajustement est le signe que votre cerveau est en train de reprogrammer de nouvelles connexions plus saines. **Elle ne dure en général que quelques jours**, surtout si vous acceptez pleinement ce changement.

Imaginez que vous ayez entre les mains un kit de survie, conçu spécialement pour faire face aux premières semaines sans tabac. Un arsenal redoutable pour désamorcer chaque envie, chaque moment redouté. Avec les bonnes stratégies, arrêter de fumer n'est plus un saut dans le vide, mais une décision assumée, ferme, et une destination connue. Grâce à cette boîte à outils mentale, chaque situation que vous redoutez aujourd'hui peut devenir un simple passage, sans tension, sans lutte.

→ Deux types de peurs surviennent au moment d'acter votre arrêt de la cigarette :

- → **la peur d'être confronté à la pensée ou à l'envie de fumer ;**
- → **la peur d'anticipation face à un événement à venir.**

Bonne nouvelle ! Ces peurs font partie intégrante de la phase d'adaptation et elles s'atténueront progressivement. Plus vous appliquez les outils de votre kit de survie, plus ces craintes perdront de leur pouvoir. Voyons cela ensemble.

32 PENSÉE OU ENVIE DE FUMER ? SAVOIR FAIRE LA DIFFÉRENCE

Si vous avez déjà arrêté de fumer, vous avez sûrement été confronté à ce moment lors duquel une pensée de cigarette surgit dans votre esprit : « J'ai envie d'en fumer une. » Mais est-ce réellement une envie ? Ou simplement une pensée ?

Il est essentiel d'apprendre à distinguer ces deux mécanismes, car c'est souvent la confusion entre les deux qui pousse à la rechute. **Une pensée n'est pas une envie.**

Prenons un exemple : imaginez une petite fille avec sa tétine. Elle l'a toujours eue avec elle, c'était son réconfort, un automatisme. Mais un jour, sa maman lui dit qu'elle est grande désormais, qu'elle entre en grande section de maternelle et qu'il est temps d'arrêter la tétine. Ensemble, elles fixent une date d'arrêt. Le jour venu, la petite fille ne dépose pas la tétine. Mais sans pression de sa maman, elle finit tout de même par la quitter trois jours plus tard et ne la reprendra plus jamais. Les jours passent. Un matin, sa maman ouvre un placard, et la tétine est là, trônant sur l'étagère. À cet instant la fillette l'aperçoit, et donc y pense. Mais a-t-elle pour autant envie de la mettre à la bouche ? Pas du tout. Elle y a pensé simplement parce qu'elle l'a vue, parce que son cerveau a fait le lien. C'est une pensée, un simple signal envoyé par le cerveau en réponse à un stimulus extérieur.

Continuons sur cette lancée pour mieux comprendre la différence entre pensée et envie. Prenons l'exemple du chocolat. Imaginez maintenant que vous êtes un passionné de chocolat, au point d'en consommer chaque soir après le dîner. Cela fait des années que vous savourez religieusement vos carrés de chocolat, une habitude bien ancrée dans votre routine. Puis vient un jour où vous décidez de commencer un régime. La décision est difficile, mais vous êtes déterminé : vous mangez votre dernier carré de chocolat et vous vous promettez : « Demain, pas de chocolat ! » Votre intention est claire.

Mais le lendemain, l'absence de chocolat après le dîner commence à occuper toutes vos pensées. Cette obsession est renforcée par l'interdiction même du chocolat, ce qui active encore plus la pensée de ce dernier. À ce stade, vous avez deux façons de gérer la situation.

→ Vous pouvez vous laisser submerger par ces pensées, concentré uniquement sur la frustration que provoque cette absence, et finalement perdre de vue votre objectif de régime. Ces pensées se transforment donc en envies irrépressibles. Ce chemin mène souvent à l'échec.

→ Ou vous pouvez reconnaître que penser au chocolat est normal, mais ne pas laisser pas cette pensée dominer votre esprit. Vous maintenez votre objectif en perspective et ne laissez pas le désir de chocolat contrôler vos actions.

De la même façon, lorsque vous arrêtez de fumer, votre cerveau peut générer des pensées du type « une cigarette me ferait du bien », « j'en prendrais bien une ». Mais ce ne sont que des pensées, pas des ordres. Elles ne vous obligent pas à agir. L'erreur est de croire que toute pensée liée à la cigarette est une vraie envie.

COMMENT RECONNAÎTRE UNE ENVIE RÉELLE ?

Une véritable envie de fumer n'est pas une simple pensée fugace, mais une sensation plus ancrée, souvent accompagnée d'un ressenti physique. Une pensée sur la cigarette est automatique, neutre, et peut être ignorée. Elle ressemble à une bulle qui éclate si vous n'y prêtez pas attention. Une envie de fumer, en revanche, est plus intense. Elle peut se manifester par une sensation de tension dans la poitrine ou la gorge, un inconfort léger, une agitation ou une sensation d'impatience. L'envie réelle dure en moyenne de 2 à 3 minutes si on ne l'entretient pas. Un peu comme une vague, elle monte, atteint un pic, puis redescend.

La prochaine fois qu'une pensée de cigarette surgit, prenez quelques secondes pour observer votre corps : ressentez-vous une tension quelque part ou un manque physique ? Votre respiration s'accélère-t-elle ? Autre question cruciale : avez-vous envie d'être en lien avec la sensation de l'inhalation de la fumée en vous ? Ou est-ce juste une pensée passagère, comme un nuage dans le ciel ?

LE PIÈGE DU DIALOGUE INTÉRIEUR

Tout cela devient dangereux lorsque vous transformez une simple pensée en dialogue intérieur qui renforce l'illusion d'une envie. Tout commence par une idée fugace, anodine, presque imperceptible : « une cigarette serait agréable ». Rien de plus qu'un éclair dans l'esprit, un souvenir qui surgit sans prévenir. Mais au lieu de la laisser filer, vous y accorder de l'attention et commencez à lui répondre, à la justifier, à la nourrir. Vous vous attardez sur cette pensée. « Oui, c'est vrai, après tout, une seule cigarette ne me ferait pas de mal… Et puis, j'ai arrêté depuis un moment, donc ça ira. »

Et c'est ainsi que la pensée, inoffensive au départ, devient une idée plus persistante, puis une envie réelle. Plus vous donnez de l'attention à la pensée, plus elle se transforme en envie réelle. C'est comme souffler sur une étincelle jusqu'à en faire un feu.

Si c'est une pensée, laissez-la passer sans y accorder d'importance. Si c'est une envie, accueillez-la sans y céder, observez-la, et rappelez-vous qu'elle va disparaître d'elle-même en quelques minutes. Gardez en tête votre objectif et comprenez bien que, d'ici quelque temps, tout cela deviendra un non-sujet pour vous. Vous n'avez pas a combattre ni l'une ni l'autre, juste à les voir pour ce qu'elles sont.

La clé ici est de gérer votre mental : restez ferme dans vos résolutions sans combattre les pensées qui sont, après tout, tout à fait normales. Rappelez-vous que la pensée apparaît en premier et que si vous persistez à y penser, l'envie suivra. Si vous parvenez à dissiper cette pensée rapidement, vous empêcherez l'envie de s'installer. Coupez l'herbe à vos pensées et vous stopperez l'envie ! Ainsi, en comprenant la différence entre la pensée et l'envie, vous pouvez mieux contrôler vos réactions et rester fidèle à vos décisions.

33 GÉRER LA PENSÉE OU L'ENVIE DE FUMER

Vous voici désormais confronté à cette première peur que vous craignez, celle d'avoir affaire à des pensées ou des envies en lien avec la cigarette, et que celles-ci deviennent obsessionnelles. Alors, comment gérer ses pensées et ses envies ? Vous avez sûrement déjà vécu cette situation : lors d'une soirée ou après une dispute, vous ressentez l'envie de fumer. À ce moment, une bataille se joue entre votre ange et votre démon intérieur :

— Démon : « J'en fumerais bien une. »

— Ange : « Non, tu es non-fumeur maintenant ! »

— Démon : « Allez, juste une ! »

— Ange : « Non, non, non, tu as arrêté ! »

— Démon : « Mais quand même j'aimerais bien... juste une. »

Un seul gagnant, mais lequel ?

SAVOIR GÉRER UNE PENSÉE OU UNE ENVIE

Lorsqu'une pensée ou une envie survient, il y a deux manières de l'appréhender.

→ **La mauvaise manière :** vous essayez de rejeter la pensée ou l'envie, en espérant qu'elle vous quitte. Pourtant, plus vous mettez d'énergie à la rejeter ou à essayer de la supprimer, plus elle devient présente dans votre esprit. Cela devient obsessionnel. Ainsi, votre vieille croyance « cigarette = solution » refait surface, et vous finissez par trouver une excuse pour justifier de fumer une cigarette : « Je n'en pouvais plus, j'étais trop stressé, je vivais une situation compliquée ! »

> **Plus vous essayez de rejeter la pensée ou l'envie de la cigarette, plus elle deviendra obsessionnelle.**

→ **La bonne manière :** si la pensée ou l'envie se fait présente, la bonne manière de réagir est d'ACCEPTER cette pensée ou envie, ne pas chercher à la rejeter ou essayer de l'éloigner. Le fait d'accueillir et d'accepter la pensée ou l'envie va vous permettre de lâcher prise : "Oui, j'ai une pensée face à la cigarette, j'ai peut-être même une envie de fumer... sauf que c'est non, maintenant je suis non-fumeur !" Et vous pouvez même vous le dire à haute voix. Le fait de réaffirmer sa position de non-fumeur prédit que même si une pensée ou une envie se manifeste, elle n'aura pas de place outre mesure. On peut y penser ET ALORS ?

→ Il est normal d'avoir encore des pensées ou des envies de cigarette après l'arrêt. Vous avez partagé des années de votre vie avec elle. Rompre avec la cigarette équivaut à rompre avec un ou une partenaire de longue date. Même si vous êtes à l'origine de la séparation, il est tout à fait normal de penser à votre ex ! Après avoir quitté quelqu'un avec qui vous étiez en relation depuis plusieurs années, vous ne cessez pas instantanément de penser à cette personne du jour au lendemain. Si vous décidez de rompre le lundi, et même si c'est vous qui êtes à l'origine de la rupture, soyez sûr que mardi, mercredi, jeudi et les jours qui suivent vous y penserez encore ! Tout va bien, cela fait partie du processus. Avec le temps, ces pensées deviendront plus espacées, moins envahissantes. Elles perdront leur charge émotionnelle. Il en va de même pour la cigarette. Mais ces pensées n'ont désormais plus de pouvoir sur vous. Elles passent, vous les observez, puis elles s'éloignent...

Plus vous accueillez et acceptez la pensée ou l'envie, en sachant que cela est tout à fait normal, moins vous luttez. Vous êtes dorénavant non-fumeur, ce qui signifie qu'il n'y a plus de négociations possibles avec la cigarette.

Gardez en tête que des dizaines de pensées et d'envies vous traversent l'esprit chaque jour. Fort heureusement, vous ne réagissez pas à chacune d'elles. Imaginez un peu si nous répondions à toutes nos impulsions, à chaque pensée fugace ou envie passagère : notre monde ressemblerait probablement à un grand établissement pénitentiaire ! Oui, il y aurait de fortes chances que nous finissions tous derrière les barreaux pour avoir suivi chaque caprice de notre imagination.
En choisissant de ne pas accorder d'importance à certaines de ces pensées, celles-ci vont simplement apparaître puis disparaître, sans s'ancrer ni influencer vos actions. Cela permet de les laisser passer tranquillement, sans qu'elles ne prennent de place dans votre vie ni encombrent votre mental.

Vous souvenez-vous de Chucky, le célèbre poupon horrifique ?[2] Vous vivez avec lui depuis des années, ce colocataire indésirable qui prend trop de place. Fatigué de ses manigances et de l'espace qu'il occupe dans votre vie, vous décidez qu'il est temps pour lui de faire ses valises. Courageusement, vous le mettez à la porte. À partir de là, deux scénarios sont possibles :

→ Chucky revient et commence à tambouriner derrière la porte, cela vous terrifie. Vous fixez la porte, hypnotisé par le bruit qui, minute après minute, devient un véritable vacarme. C'est tellement insupportable que, dans un moment de faiblesse, vous ouvrez la porte pour faire cesser le bruit. Vous vous persuadez alors que Chucky n'était pas si terrifiant pendant la journée, voire qu'il était gentil (« Chucky de jour »). Mais voilà, vous êtes à nouveau pris au piège !

→ Chucky tambourine toujours, mais cette fois, au lieu de céder à la peur, vous restez stoïque, immobile. Vous entendez les coups, mais vous refusez de leur donner de l'importance. Vous tenez bon, ancré dans votre décision de ne pas lui ouvrir. Finalement, épuisé par ses propres efforts et voyant qu'il ne gagne rien, Chucky abandonne et s'éloigne…

La clé ici est de reconnaître que la pensée de Chucky est normale, et de se rappeler que ce n'est qu'une partie du processus consistant à se libérer de lui. En acceptant cette pensée sans y céder, vous découvrirez qu'elle finit par s'estomper et disparaître, vous laissant maître de votre espace.

GARDER EN TÊTE LA RAISON DE L'ARRÊT

Fumer procure l'illusion d'une satisfaction passagère qui, année après année, laisse place à un risque accru de souffrance. À l'inverse, le plaisir lié à l'arrêt n'est pas immédiat : il se révèle sur la durée, même si les bienfaits physiques se font vite sentir. Ce plaisir s'installe lentement mais sûrement — et surtout, il dure ! D'où l'importance de garder le cap et de vous rappeler régulièrement pourquoi vous avez décidé d'arrêter. Restez concentré sur cette raison et revenez-y aussi souvent que nécessaire. Gardez en tête ceci :

→ **Fumer = illusion de plaisir à court terme, mais douleur sur le long terme.**

→ **Arrêter de fumer = éventuelle douleur légère à court terme, mais réel plaisir sur le long terme !**

---

2. Lire p. 78.

34 DOMINER LA PEUR D'ANTICIPATION

La peur d'anticipation conduit à envisager l'échec avant même d'avoir essayé de faire quoi que ce soit. Comme redouter un film d'horreur avant que les lumières du cinéma ne s'éteignent. Vous projetez un futur rempli d'obstacles : « Comment vais-je gérer un verre entre amis ? Une pause-café ? Un moment de stress ? » Vous vous interrogez : « Et si je n'y arrivais pas ? Et si l'envie devenait trop forte ? » Vous redoutez les situations où la cigarette était présente, persuadé qu'elles seront insurmontables sans elle.

Vos visions du futur sont si sombres que vous feriez tout pour éviter de vous retrouver face à ces situations inconfortables. La grande terreur, c'est la souffrance. Et soyons honnêtes, **qui aime avoir mal** ? Personne ! Et c'est bien là le problème. Votre cerveau fait tout pour éviter la douleur, même imaginaire. Voilà pourquoi vous êtes bloqué, pourquoi vous stagnez.

Nous avons cette fâcheuse tendance à imaginer le pire bien avant d'être confrontés à la réalité. Nos peurs nous projettent dans des scénarios où tout tourne mal, où la souffrance est inévitable. C'est un mécanisme de défense primitif : **anticiper le danger pour s'y préparer**. Mais ici, il joue contre vous.

Alors, posez-vous la seule question qui compte : souffrez-vous réellement autant que vous le craignez ? Vous anticipez négativement, et cette anticipation engendre de la douleur, ce qui vous pousse à éviter la douleur... et donc à reprendre la cigarette.
Comme nous l'avons déjà vu, **anticipation négative = douleur = évitement de la douleur = retour à la cigarette**.

Mais **comprenez ceci** : ces moments que vous redoutez tant **n'existent pas encore**. Ce ne sont que des pensées, des suppositions, des **scénarios fictifs créés par votre esprit**. Et comme toutes les pensées, **elles ne sont pas des vérités absolues**. Cette peur d'anticipation est un **parasite mental** qui vous prive de votre liberté avant même que vous n'ayez eu l'occasion de la vivre pleinement.

Alors, pourquoi donner autant de poids à une peur qui n'existe que dans votre tête ?

APPRENDRE À GÉRER UNE PEUR D'ANTICIPATION

J'ai moi-même vécu cette prison mentale lors de mes propres tentatives d'arrêt. Mon cerveau jouait en boucle le pire scénario possible. J'imaginais ces soirées où j'allais me sentir misérable, ces matins où le café aurait un goût de manque, ces pauses où mes mains seraient vides... **Et plus j'y pensais, plus cette peur devenait réelle.**

C'est là que tout se joue : votre cerveau ne fait pas la différence entre la réalité et ce que vous imaginez. Ce que vous lui racontez, il le prend pour vrai. **Si vous validez un scénario négatif dans votre esprit avant même d'y être confronté, alors vous avez toutes les chances de le vivre dans votre réalité.**
En nourrissant vos pensées avec des pensées négatives, de la peur et des doutes, vous programmez inconsciemment votre cerveau à échouer. **Vous êtes en train de répéter mentalement votre rechute**, vous validez un scénario catastrophe avant même que l'histoire se joue, alors que vous êtes déjà non-fumeur.

→ N'oubliez pas : vous avez dit stop à la cigarette, vous êtes désormais non-fumeur. Cependant vous avez besoin d'anticiper certaines situations pour lesquelles vous ne vous sentez pas encore totalement confiant. Et c'est précisément ce travail d'anticipation conscient qui renforce vos premiers pas. Et voici la bonne nouvelle : vous pouvez reprendre le contrôle. Il est temps d'inverser le processus.

EXERCICE : RÉÉCRIRE SON SCÉNARIO

Rien de mieux qu'une bonne mise en pratique. Alors imaginez que vous avez une soirée prévue dans quelques jours. Et dans votre esprit, deux versions de cette soirée coexistent. Laquelle allez-vous choisir d'incarner ?

→ **Scénario négatif :** vous vous imaginez verre en main, entouré d'amis… et de fumeurs. La pensée est présente, puis l'envie monte, vous obsède, devient insupportable. Vous êtes tendu, frustré, vous vous sentez privé. À chaque cigarette allumée autour de vous, votre combat intérieur grandit. Et soudain, vous craquez. *Game over.*

→ **Scénario positif :** l'ambiance est détendue, vous échangez avec vos amis, vous riez. Une pensée, voire une envie de cigarette traverse votre esprit ? C'est normal, vous aviez prévu ce moment de toute façon. Vous saviez que cela allait se produire, mais vous l'avez anticipé en décrétant qu'il était normal et que vous alliez réussir à le gérer. Vous l'accueillez comme un vieux réflexe en train de s'effacer et l'acceptez, car de toute façon vous êtes non-fumeur. Vous restez maître de la situation. Vous vous sentez fier, victorieux, en accord avec votre objectif, vous avez relevé le défi. Vous profitez pleinement du moment, en vous sentant détaché de cette habitude.

Quelle version préférez-vous ?
Le choix est entre vos mains.

Alors, plutôt que de laisser la peur dicter votre soirée, pourquoi ne pas diriger vous-même le film de votre vie ? Chaque fois que l'anticipation vous guette, changez de scénario.

Entraînez-vous à changer de perspective lorsque vous redoutez vos premiers pas en tant que non-fumeur, vos premières situations sociales, vos premières grosses émotions… Tout cela peut être anticipé positivement afin d'orienter votre cerveau dans la bonne direction.

Ce n'est pas de l'illusion naïve, mais une rééducation de votre perception. Plus vous pratiquerez cet exercice, plus il deviendra un réflexe automatique. C'est ainsi qu'un un film d'horreur est transformé en belle comédie.

L'ANCRAGE DU NOUVEAU SCÉNARIO

Pour anticiper les situations à venir, vous devez vous positionner fermement :

→ Vous êtes non-fumeur !

→ Vous allez penser à la cigarette, et c'est normal.

→ Ces pensées ne sont que des résidus d'un ancien programme qui s'efface.

Vous êtes en train de créer une nouvelle réalité, plus forte et plus libre. Votre cerveau a besoin d'un certain laps de temps pour se reprogrammer, pour créer de nouvelles connexions neuronales qui remplaceront l'ancien réflexe de la cigarette.

Ancrez votre scénario positif avec un positionnement fort : vous êtes non-fumeur, c'est une évidence. En réalité, vous allez penser à la cigarette pendant quelques jours et peut-être même ressentir une petite envie de fumer. Mais c'est totalement normal. Il ne s'agit pas d'un manque, juste d'une pensée qui passe. Vous n'avez pas besoin d'y répondre.

Le maître-mot est d'**oser**. Oser croire que c'est possible. Oser ressentir cette liberté qui grandit en vous. Oser avancer sans laisser une illusion diriger votre vie. La peur d'anticipation ne vous appartient plus. Désormais c'est vous qui écrivez l'histoire.

LE GPS INTERNE

Tout comme un GPS se dirige vers une destination en fonction de l'adresse entrée, votre cerveau utilise ces informations pour vous guider vers vos objectifs, vous conduisant ainsi dans la direction que vous lui indiquez.

→ **Scénario négatif : mauvaise adresse = mauvaise direction.**

→ **Scénario positif : bonne adresse = bonne direction.**

Résultat positif : votre GPS interne vous guide vers une soirée entre amis centrée sur le partage, la convivialité, et aboutit à un sentiment de satisfaction et de fierté.

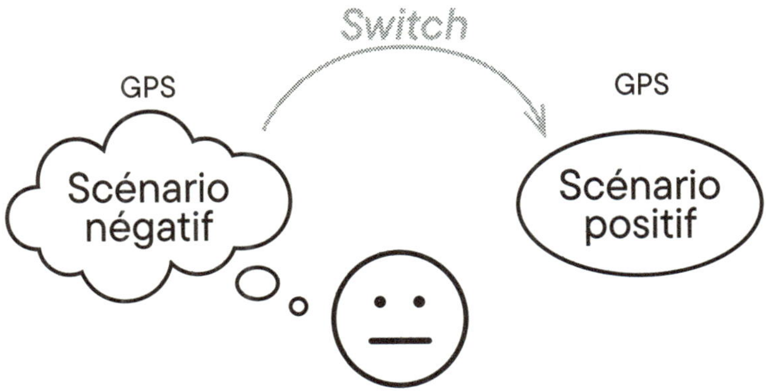

LES TROIS CONDITIONS D'UN BON SCÉNARIO POSITIF

→ **Liste positive :** dressez la liste de ce que vous voulez (vivre, ressentir, apprécier…) et non pas de ce que vous ne voulez pas (ne pas penser à cette cigarette, ne pas en avoir envie ou ne pas se sentir frustré…). Rappelez-vous que votre cerveau ne comprend pas la négation !

→ **Réalité :** faites en sorte que votre scénario colle à la réalité. Il est donc important d'intégrer dans celui-ci les pensées ou envies éventuelles de fumer dans leur contexte, mais avec une vision de vous-même de non-fumeur sachant gérer ces situations !

→ **Émotions positives :** incluez pleinement des émotions positives dans votre scénario. Faites-en une expérience stimulante et attrayante. Après tout, imaginez un film sans émotions serait un flop total !

35 ÉVITER... LA STRATÉGIE D'ÉVITEMENT !

Choisir de devenir non-fumeur soulève en vous beaucoup de questions : dois-je changer mes habitudes ou les garder comme identiques ? Dois-je continuer de siroter mon café ou de lever le coude lors des soirées, dois-je plutôt éviter les bars et les fêtes ? Certains conseillent de fuir les situations tentantes. Personnellement, je ne suis pas de cet avis. Pourquoi ? Parce que tourner systématiquement le dos aux situations dans lesquelles la cigarette est présente vous met dans une position d'évitement. Cela montre que vous n'avez pas totalement accepté le changement.

La cigarette peut toujours flotter autour de vous, mais être non-fumeur signifie que vous ne flancherez pas, quelles que soient les circonstances. Adoptez des comportements de non-fumeur et assurez-vous que vos actions reflètent votre nouvelle identité de non-fumeur. Vous avez fait le choix d'arrêter de fumer, peu importe le contexte dans lequel vous vous trouvez.

Alors, voici mon conseil : ne changez rien ! Faites exactement ce que vous faisiez avant d'écraser votre dernière cigarette ! Continuez à vivre comme avant. Si vous adoriez votre petit café, continuez à vous faire plaisir en buvant votre tasse ! Si vous aimiez sortir pour boire un verre, n'arrêtez pas ! Continuez à voir vos amis, même ceux qui fument. Créer des stratégies d'évitement montre qu'on n'est pas à l'aise avec l'idée de ce changement pourtant désiré. Embrassez votre nouvelle vie de non-fumeur avec confiance et sans changer votre routine. C'est en restant fidèle à vous-même que vous montrerez que vous êtes vraiment passé à autre chose.

Imaginons maintenant la situation inverse : cela fait déjà un mois que vous avez écrasé votre dernière cigarette et pendant tout ce temps, vous avez évité les sorties avec vos amis pour fuir la tentation du tabac. Tout se passe bien jusqu'ici, mais voici qu'une invitation à un événement très tentant se présente. Malgré quatre semaines sans fumer, des doutes s'immiscent : « Vais-je résister à l'envie de fumer si je bois un verre ce soir ? », « Serai-je à l'aise entouré de fumeurs ? » Ces pensées vous amènent à imaginer des scénarios où vous êtes potentiellement faible dans ce moment particulier, vous sentant vulnérable face à la cigarette. Cette stratégie d'évitement vous place dans le doute. Or le doute est un manque d'affirmation dans votre positionnement. Il est comme un virus endormi tapi dans l'ombre, qui n'attend qu'une occasion pour se réveiller. Si vous laissez le doute s'installer dans votre esprit, alors rappelez-vous cette notion cruciale : votre cerveau ne fait pas la différence entre imaginaire et réalité. Si vous commencez à imaginer que vous pourriez être possiblement fragile, votre esprit pourrait bien prendre cela pour une directive, une sorte de programmation préalable. Vos pensées s'activent à une potentielle reprise, et cela fera office de préparation pour votre rechute du tabac.

Voici la bonne nouvelle : si au fond de vous, la réponse est « oui, je peux le faire », alors vous avez toutes les cartes en main pour réussir ! Si le doute s'installe, replongez-vous dans les sections du livre sur les peurs, l'imaginaire et la réalité, ainsi que sur la peur d'anticipation[3]. Rappelez-vous : c'est vous qui tenez les rênes. **La cigarette n'a sur vous que le pouvoir que vous lui accordez.**

Un dernier conseil tout de même : dans les premiers temps, essayez de modérer les soirées trop arrosées, celles où les défenses baissent et les tentations augmentent. Gardez le contrôle et profitez de la fête à votre manière, sans laisser la cigarette gâcher votre plaisir !

---

3. Lire p. 151.

36 VOTRE POSITIONNEMENT : NON-FUMEUSE, NON-FUMEUR AFFIRMÉ(E) OU CONTRARIÉ(E) ?

Il est désormais temps de renforcer votre positionnement. Lorsque vous arrêtez de fumer, vous avez le choix entre deux positionnements :

→ **le non-fumeur ou la non-fumeuse contrarié(e) ;**

→ **le non-fumeur ou la non-fumeuse assumé(e) et affirmé(e).**

Imaginez que le positionnement soit comme choisir un bon siège dans un théâtre : ça ne change pas la pièce jouée, mais ça peut totalement transformer votre expérience du spectacle ! Votre position joue un rôle majeur dans la bonne conduite de votre arrêt. De la même manière, le pouvoir du positionnement mental par rapport à une situation, une idée ou un défi est crucial. Il s'agit de l'art de choisir notre perspective, notre manière de voir les choses. Bien que cela ne modifie pas la réalité objective, cela change notre perception de cette réalité et influence notre réaction. C'est un outil puissant qui peut transformer notre façon de penser et d'agir, influant ainsi les résultats que nous obtenons dans notre vie.

Le non-fumeur contrarié est cette personne qui, en soirée ou dans des situations similaires, observe les fumeurs avec un mélange de désir et de frustration, et qui se répète inlassablement « ils ont de la chance et moi je ne peux pas fumer... » tout en ressentant un malaise intérieur. Pendant longtemps, j'ai été coincée dans cette position, car au fond de moi, je n'étais pas réellement prête à dire adieu à la cigarette.

À l'inverse, **le non-fumeur assumé** est capable d'annoncer fièrement qu'il a arrêté de fumer et est à l'aise avec la présence de la cigarette autour de lui. Il n'est plus en lutte interne ou en désir conflictuel. C'est une position de liberté et d'acceptation dans laquelle l'ancien fumeur se sent bien avec sa décision et n'est plus affecté par les habitudes des autres. C'est comme choisir un siège au centre de la salle de théâtre : la vue est claire et l'expérience totalement libératrice.

Être non-fumeur n'est pas simplement ne pas fumer, c'est **être à l'aise** :
→ en présence de fumeurs,
→ face à la cigarette,
→ avec ses propres pensées, même si elles évoquent la cigarette.
L'aisance ne signifie pas l'absence totale de pensées liées au tabac, car ces pensées peuvent surgir comme des souvenirs. Mais elles n'ont plus de poids émotionnel. Elles passent comme des nuages dans le ciel sans affecter votre état d'esprit. L'aisance est la vraie liberté : ne plus être tendu, sur ses gardes ou dans la surveillance permanente de ses envies. C'est savoir que vous êtes bien où vous êtes, libre, sans lutte, sans négociation.

Dès le départ, vous avez ainsi le pouvoir de choisir votre place, et cela ne tient qu'à vous. Le positionnement, qu'il soit dans le cadre d'un changement personnel, de la perception ou du comportement, dépend beaucoup de votre état d'esprit initial. Vous détenez un contrôle réel sur la façon dont vous vous positionnez face à une situation donnée. Si vous n'êtes pas sûr de savoir comment adopter ce positionnement idéal, commencez par faire comme si vous l'aviez déjà. Visualisez-vous mentalement dans cette position, ressentez les émotions associées, et agissez comme si vous aviez déjà atteint cet état. En adoptant cette perspective, vous vous conditionnez à embrasser ce positionnement de manière naturelle et progressive. C'est une approche qui vous permet de vous aligner mentalement avec ce que vous voulez être ou réaliser, facilitant ainsi votre avancée vers cet objectif.

La véritable victoire n'est pas de résister à la cigarette. C'est d'être tellement à l'aise sans elle que l'idée même de fumer devient étrangère.

SCHÉMA DE **LA MÉTHODE**

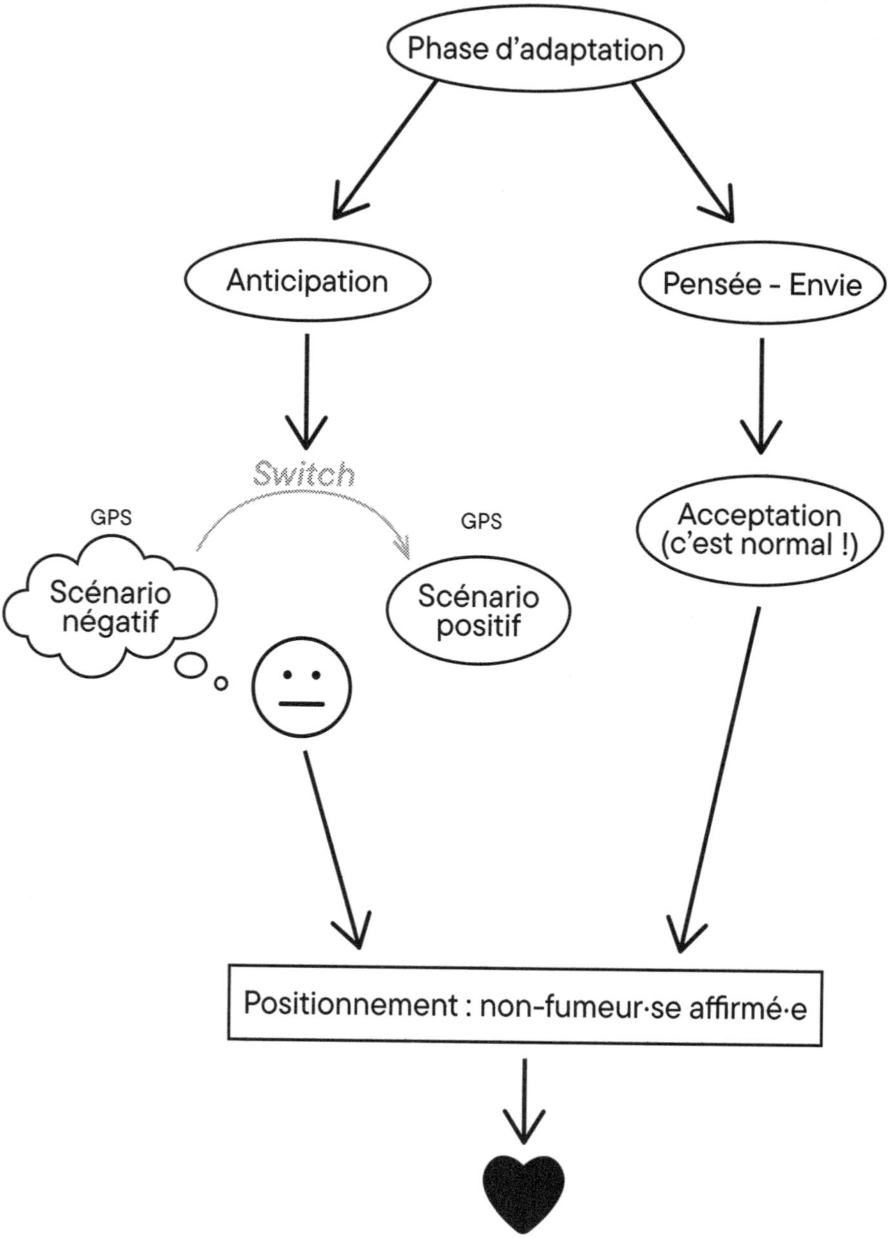

→ Une fois cette dernière cigarette écrasée ou cigarette électronique jetée, il est tout à fait normal d'avoir encore une pensée ou une envie de cigarette durant la phase d'adaptation. Accueillez-la et acceptez-la. Maintenez fermement votre positionnement de personne non-fumeuse sans négociation possible, en étant affirmé dans votre choix. Et soyez heureux, prenez plaisir à dire « merde » à cette cigarette. Vous vous faites du bien !

→ Si vous ressentez une peur d'anticipation durant la phase d'adaptation, là aussi elle est légitime. Au lieu de laisser votre esprit embarquer dans un scénario négatif avant même d'être confronté à la situation, reprenez le contrôle en switchant sur un scénario positif. Vous décidez l'expérience que vous voulez vivre. En répétant ce scénario à plusieurs reprises dans votre esprit avant d'être face à la situation redoutée, vous lui donnez la destination.

37 L'ANCRAGE OLFACTIF

Au début de votre démarche d'arrêt de la cigarette, vous pouvez utiliser un outil simple et efficace pour gérer vos envies : l'**ancrage olfactif**.
De quoi s'agit-il ? Un ancrage est une technique qui associe une réponse émotionnelle ou comportementale à un stimulus spécifique, permettant de retrouver cet état en utilisant ce même stimulus (l'odeur).

Le système olfactif est particulièrement puissant en raison de son lien direct avec le système limbique, la partie du cerveau qui gère les émotions et la mémoire. Une référence célèbre à ce phénomène sensoriel se trouve dans *Les Fleurs du Mal* de Charles Baudelaire, où les odeurs jouent un rôle central en tant que vecteurs d'émotions, de souvenirs et de sensations profondes. L'odorat y devient un ancrage puissant, permettant d'explorer des états d'âme enfouis et de transcender la réalité. Nous avons tous des souvenirs liés aux odeurs : l'arôme d'une brioche dans le four peut rappeler les matins d'enfance à la maison, le parfum d'une personne que vous avez connue peut évoquer les moments passés avec elle, ou encore l'odeur d'un alcool, difficile à supporter après une soirée bien trop arrosée peut immédiatement vous la remémorer avec toutes les sensations liées. Bref, l'odorat est un passeur d'émotions, un déclencheur de souvenirs, et nous avons de nombreux ancrages olfactifs puissants !

VOTRE ODEUR DE VICTOIRE

Pour mettre en pratique cette magie olfactive et qu'elle fonctionne pleinement, commencez par choisir une huile essentielle dont vous aimez le parfum. Ensuite, plongez dans un souvenir de réussite. Un moment lors duquel vous avez accompli quelque chose qui vous a rendu fier. Cela peut être une victoire importante, comme la réussite à un examen ou un défi surmonté, ou bien une satisfaction plus simple mais tout aussi marquante : avoir terminé une course, réussi à surmonter une peur, relevé un challenge personnel.

Revivez cet instant dans votre esprit. Où étiez-vous ? Qui était avec vous ? Que ressentiez-vous ? Peut-être une montée d'adrénaline, un sourire qui s'étire, une vague de satisfaction qui vous envahit. Ressentez à nouveau cette fierté. Vous avez réussi, et cette victoire vous appartient.
Maintenant, associez ce sentiment de triomphe à l'odeur choisie. Inspirez-la profondément et imprégnez-vous de cette réussite. Cette senteur devient votre parfum de victoire. Désormais, à chaque fois que vous la sentirez, votre cerveau ravivera ces émotions positives et vous rappellera que vous êtes capable de surmonter vos défis. Il s'agit d'un rituel simple mais redoutablement puissant.

L'HUILE ESSENTIELLE : VOTRE NOUVELLE COMPAGNE

Dans les premiers jours qui font suite à votre arrêt de la cigarette, à chaque fois qu'une pensée ou envie de fumer apparaît, prenez l'huile essentielle choisie, respirez-la profondément et laissez cette senteur vous reconnecter à votre victoire intérieure. Imaginez-vous en train de gagner une nouvelle bataille contre la cigarette, comme vous avez déjà gagné dans d'autres domaines de votre vie.
Répétez-vous : « Cette odeur est celle de ma liberté. Je n'ai plus besoin de fumer. Je respire la vie » ou « Je suis victorieux ! », ou tout autre chose que vous souhaitez vous dire.
Vous transformez ainsi une simple pensée ou envie en un puissant rappel de votre réussite. Votre cerveau fait le lien entre l'odeur et la fierté d'avoir surmonté un défi. Plus vous utilisez cet ancrage, plus il deviendra automatique. **Un jour, vous respirerez cette odeur et, sans même y penser, vous vous sentirez victorieux(se), fier(e) d'être un(e) non-fumeur(se), pleinement libre.**

> Laissez cette odeur être votre signature olfactive de succès. Elle devient bien plus qu'un simple parfum : c'est la preuve que vous avez déjà tout en vous pour réussir.

PARTIE VIII

VOTRE PROGRAMME ANTI-RECHUTE

38 L'ERREUR DES MÉTHODES CLASSIQUES D'ARRÊT DU TABAC

La grande faiblesse de la majorité des méthodes existantes d'arrêt de la cigarette – qu'il s'agisse de l'hypnose, de l'acupuncture, des patchs, des substituts ou de tout autre outil – tient au fait qu'elles reposent uniquement sur **l'acquis du moment**. Après une séance, vous appliquez une technique et avancez ensuite dans le temps en espérant que l'état de non-fumeur ainsi créé se maintienne. **Mais l'espoir n'est pas une stratégie.** Ces approches supposent que le changement opéré sur l'instant suffira à résister aux défis futurs. Pourtant, elles laissent intacte une faille majeure : **elles ne préparent pas l'esprit à consolider sa conviction dans la durée**.

La véritable réussite ne dépend pas de ce que l'on ressent après une séance ou un traitement. Elle dépend de la conviction profonde que fumer ne sera jamais une solution, quelles que soient les circonstances. Or cette conviction ne tombe pas du ciel. **Elle s'entraîne, elle s'entretient.** Comme un sportif qui ne se contente pas d'un bon match, mais qui s'entraîne chaque jour pour que ses réflexes deviennent naturels et solides.

Toutes ces méthodes classiques construisent la maison du non-fumeur sur des fondations fragiles (voir le schéma page suivante). Pire encore, **les fondations sont pourries**, car elles reposent toujours sur le vieux programme inconscient « fumer = solution ». Vous essayez de bâtir un nouveau comportement sans avoir neutralisé l'ancienne croyance. Alors, dès qu'une tempête émotionnelle survient – stress, fatigue, contrariété ou même euphorie –, la maison s'effondre. **Le conditionnement reprend le dessus.**

Le vrai travail consiste à remplacer ces fondations défectueuses, à neutraliser définitivement le lien entre fumer et solution. Il s'agit d'un processus actif : une préparation mentale, un entraînement de la conviction, jour après jour. Il est essentiel d'anticiper avec le **programme anti-rechute**. Car même une conviction forte peut vaciller sans entraînement. Lorsque cette conviction devient stable, aucune tornade émotionnelle ne peut plus emporter votre maison.

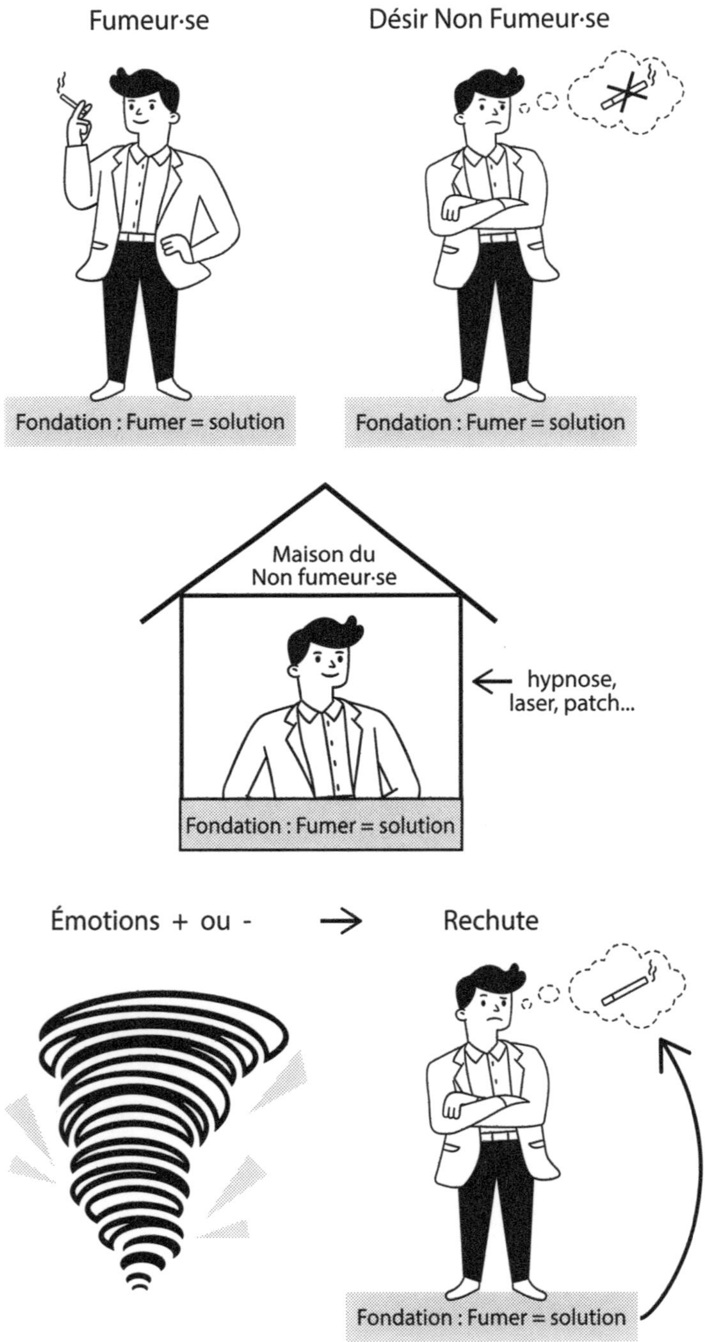
Fumeur·se
Désir Non Fumeur·se
Fondation : Fumer = solution
Fondation : Fumer = solution
Maison du
Non fumeur·se
hypnose,
laser, patch...
Fondation : Fumer = solution
Émotions + ou -
Rechute
Fondation : Fumer = solution

39 LA CIGARETTE : MEILLEURE NÉGOCIATRICE AU MONDE

Si la cigarette était une personne, elle serait sans doute **la négociatrice la plus habile du monde**. Rusée, persuasive, inépuisable. Elle ne crie jamais, elle ne s'impose pas de force. Elle murmure, elle argumente. Elle attend patiemment son moment. Et surtout, **elle sait que si vous commencez à négocier avec elle, elle a déjà gagné**.

Chaque fois que vous pensez « juste une... pour cette fois, je suis plus fort qu'elle, ça ne me fera rien », « je mériterai bien une petite cigarette » ou « je me sens tellement mal avec ce qui m'arrive, j'aurai bien besoin d'une cigarette », vous croyez peut-être que vous pesez le pour et le contre. Mais en réalité, vous avez laissé une brèche ouverte dans votre esprit. **Négocier, c'est déjà accepter que la cigarette a encore une valeur.** C'est reconnaître qu'elle a encore quelque chose à offrir, même si c'est infime, même si c'est un « dernier plaisir », une « aide ponctuelle » ou un « réconfort temporaire ».

> **Tant que fumer bénéficie d'une propriété positive, même minuscule, vous êtes vulnérable.**

Le simple fait d'entrer en débat avec la cigarette prouve que le programme inconscient « fumer = solution » n'a pas encore été totalement neutralisé. Votre cerveau conserve l'idée qu'il y a encore à discuter, à marchander. Or, dans une négociation, la partie qui accepte de discuter a déjà perdu du terrain.

La cigarette joue sur le doute, sur la fatigue émotionnelle. Elle est patiente, elle attend les moments de faiblesse : les soirs de stress, les déceptions, les fêtes, les réussites... Car tout événement, bon ou mauvais, est pour elle une occasion de relancer le marchandage.

LES DEUX VISAGES DE LA NÉGOCIATRICE

Si la cigarette et la cigarette électronique sont si persuasives, c'est parce qu'elles s'appuient toujours sur **deux fonctions principales** qui résonnent profondément en chacun de nous :

1. Elles prétendent résoudre un problème :

→ Apaiser le stress.
→ Combler l'ennui.
→ Calmer une émotion douloureuse.
→ Aider à se concentrer ou à se calmer.

2. Elles prétendent intensifier un plaisir :

→ Sublimer une pause.
→ Accompagner un moment convivial.
→ Amplifier la détente.
→ Ajouter du plaisir à une réussite ou une célébration.

Toutes les variantes de votre consommation quotidienne gravitent autour de ces deux fonctions. C'est là que réside leur force de persuasion. Elles s'adaptent à toutes les situations, elles vous promettent soit de régler un problème, soit l'amplification d'un plaisir.

Chaque fois que vous acceptez de négocier, vous admettez qu'elles pourraient encore remplir l'un de ces rôles.

LE PIÈGE DE LA NÉGOCIATION

La négociation est le langage de l'addiction.

→ Celui qui a désactivé complètement l'idée que « fumer = solution » ne négocie pas.
→ Il déclare simplement : « Ce n'est plus une option. »
→ Il ne débat pas avec l'idée de fumer. Il l'a rendue obsolète.

Tant que la cigarette peut vous convaincre d'ouvrir la discussion, elle reste en vie dans votre esprit. Même si vous gagnez aujourd'hui, elle reviendra demain. Jusqu'au jour où, épuisé d'argumenter, vous céderez.

NE PLUS DISCUTER : NEUTRALISER

> **La solution n'est pas de négocier mieux, elle est de ne plus négocier du tout.**

Arrêter de fumer n'équivaut pas à dire « non » à chaque cigarette, c'est comprendre que la question même de fumer ou non ne se pose plus. C'est la neutralisation totale du programme « fumer = solution ». À partir de ce moment-là, la cigarette perd son pouvoir de persuasion. Elle devient ce qu'elle est vraiment : **un objet inutile, un résidu d'un ancien mode de vie**.

40 FACE À LA RECHUTE : COMMENT REBONDIR ?

Combien de personnes, même après plusieurs années d'arrêt, ont succombé à la tentation de croire qu'une seule cigarette ne ferait pas de mal ? **L'illusion « juste une »** se présente souvent dans des moments agréables, associés à des émotions positives qui semblent, à ce moment-là, plus intenses. Une petite histoire refait surface dans votre esprit, vous laissant penser que cette cigarette intensifiera votre plaisir ou vous reconnectera à la nostalgie d'une époque où fumer était un plaisir. Ces pensées, parfois conscientisées, souvent impulsives, s'insinuent sans qu'on s'en aperçoive réellement.

Mais voilà, vous avez fumé une cigarette lors d'une soirée bien arrosée ou lors d'un passage à vide. Eh bien ? Pas de panique, tout n'est pas perdu ! Une erreur de parcours arrive, arrêter de fumer s'apprend. Il suffit de comprendre pourquoi vous avez craqué. **Tirez les leçons de cette action.** Remémorez-vous les raisons qui vous ont conduit à arrêter. Sont-elles toujours d'actualité ? Remémorez-vous le chemin parcouru sans vous sentir coupable. Enfin, visualisez-vous de nouveau non-fumeur. Vous êtes serein et heureux de l'être. Cette cigarette fumée la veille est loin derrière vous. Un souvenir lointain, sans incidence sur votre nouvelle vie de non-fumeur. Arrêter est un processus, un parcours lors duquel il est crucial d'être indulgent avec soi-même et de s'écouter. **Ne cédez pas au catastrophisme.** À ce moment précis, la cigarette a pris le dessus à cause d'un vieux formatage. Il est donc temps de prendre conscience que vous devez renforcer la neutralité de celui-ci. Mais rassurez-vous, vous n'êtes pas le seul ! Des millions d'individus ont, eux aussi, succombé à la tentation. Et des millions d'entre eux ont finalement bel et bien vaincu la cigarette. Trébucher n'est pas chuter.

RECHUTER : PERDRE UNE BATAILLE N'EST PAS PERDRE LA GUERRE

Si vous avez repris une cigarette, vous n'avez pas perdu la guerre, vous avez trébuché sur le chemin de celle-ci, rien de plus. Et surtout, vous avez maintenant une chance unique : comprendre, décoder et désamorcer ce qui vous a poussé à rallumer cette cigarette.
Beaucoup de personnes, après une rechute, entrent dans un cercle vicieux de **culpabilité** et d'**autoflagellation**. Ils se disent : « Je suis nul. Je n'y arriverai jamais. Je suis condamné. » Mais la rechute n'est pas un jugement, c'est un message.

POURQUOI AVEZ-VOUS VRAIMENT REPRIS CETTE CIGARETTE ?

Chaque reprise n'est jamais due au hasard. Deux scénarios dominent toujours :

1. **Vous avez cherché à résoudre un problème.**

→ Soulager un stress.
→ Combler un vide.
→ Apaiser une émotion difficile.

2. **Vous avez cherché à intensifier un plaisir.**

→ Sublimer un moment agréable.
→ Retrouver une sensation familière.
→ Célébrer un instant.

Avant même d'allumer cette cigarette, vous vous êtes raconté une histoire : « ça va me détendre. », « c'est juste pour profiter de ce moment. », « une seule, ça ne changera rien ». La cigarette a repris son rôle de négociatrice, elle vous a convaincu qu'elle avait encore quelque chose à offrir.
Vous êtes revenu à cette fameuse équation inconsciente : « fumer = solution ».

QUESTION ESSENTIELLE : A-T-ELLE VRAIMENT TENU SES PROMESSES ?

Maintenant, analysez avec honnêteté la situation : la cigarette vous a-t-elle réellement apporté ce que vous cherchiez ? Votre problème a-t-il été résolu après l'inhalation de ces premières taffes ? Non, bien sûr que non ! La soirée dans laquelle vous vous trouviez a-t-elle vraiment changé d'ambiance ou votre verre a-t-il réellement eu meilleur goût ? Non, encore une fois. Mais vous vous êtes raconté cette histoire et laissé convaincre du contraire...

Le prix à payer des histoires : le virus s'est réinstallé, cette cigarette s'est à nouveau engouffrée dans votre esprit et va commencer à réclamer son dû. Vous vous reconnectez peu à peu au stress du fumeur et vous allez désormais le vivre tristement au quotidien.

COMMENT REBONDIR APRÈS UNE RECHUTE ?

1. Ne vous flagellez pas.

La rechute ne définit pas votre capacité à arrêter définitivement. Elle montre simplement où le conditionnement reste actif.

2. Analysez sans jugement.

Posez-vous trois questions :

→ Quelle histoire me suis-je racontée avant d'allumer cette cigarette ?
→ A-t-elle a réellement rempli sa promesse ?
→ Qu'ai-je ressenti après l'avoir fumée ?

3. Tirez la leçon.

Chaque rechute est **une étude de cas précieuse**. Elle vous révèle à quels moments précis la cigarette conserve encore un pouvoir de négociation sur vous. Ce sont ces situations qu'il faudra reprogrammer.

après un certain laps de temps, ce vieux programme peut encore se déclencher, il était juste sur PAUSE.

Pour vraiment gagner à ce jeu, vous devez entraîner votre cerveau au niveau 3 avec une nouvelle tactique. Car celui-ci, le malheureux, n'a connu que cette seule et unique option qui est « fumer = solution ». Il faut donc lui offrir une nouvelle réponse automatique face à ces déclencheurs qui lui rappellent cette ancienne « solution ». Remplacez l'ancienne équation par une nouvelle formule de type « fumer = problème » ou du moins neutralisez l'équation « fumer = solution ». Tout réside dans un nouvel entraînement à intégrer ! Et comme pour tout entraînement, cela nécessite de la répétition pour que le processus devienne automatique. Cela équivaut à coder un nouveau chemin dans un labyrinthe, offrant à votre esprit une alternative fraîche chaque fois que les vieux démons de la fumée pointent leur nez.

Ainsi, en traversant ces trois niveaux avec succès, vous ne vous contentez pas de survivre dans ce jeu, mais vous prospérez, transformant l'arrêt du tabac en une victoire durable.

42 L'ANGE ET LE DÉMON : LE MENU DU DÉMON

Voyons maintenant comment ancrer ce niveau 3 : l'arrêt définitif. Vous êtes familier de ce duel intérieur mental entre l'ange et le démon. Ces voix qui s'affrontent dans votre esprit, devenant de plus en plus assourdissantes jusqu'à ce que vous finissiez par céder et prendre une cigarette, simplement pour mettre fin à cette bataille intérieure ! Mais avez-vous réellement mesuré les conséquences de cet acte ? Non, absolument pas !

LE MENU

Vous arrive-t-il souvent d'aller au restaurant sans jamais consulter le menu avant de commander ? Imaginez de surcroît que vous ne connaissiez absolument pas la cuisine proposée. Évidemment, vous ne passeriez pas commande sans jeter un œil à la carte – sauf peut-être s'il s'agit d'un menu « découverte », mais c'est une autre histoire. Pourquoi ? Parce que tout le monde aime savoir à l'avance ce qu'il va manger. Cela semble logique et naturel dans le contexte d'un restaurant. Et pourtant... c'est exactement ce que vous faites avec la cigarette. Chaque fois que vous « passez commande » en allumant une cigarette, vous le faites sans lire le menu au préalable. Toutefois il existe bien un menu que vous pourriez examiner avant de décider si vous avez vraiment envie de cette cigarette. Je l'appelle le **« menu du démon »**. Pourquoi ? Parce qu'il est toujours le même, invariable et garanti à 100 %.

Laissez-moi vous décrire le **« menu du démon »** que vous pourriez commander si vous cédez à la tentation de fumer « juste une » cigarette ou si vous vivez un coup dur :

→ **Hors-d'œuvre :** une cigarette au goût INFECT, loin de ce que votre mémoire romantise et idéalise.

→ **Entrée :** une entrée sous forme de DÉCEPTION et de CULPABILITÉ, servie bien froide, juste pour vous faire sentir « comme une merde » !

→ **Plat principal :** le STRESS DU FUMEUR réactivé au quotidien. Vous vous retrouvez de nouveau esclave de cette habitude qui dicte sa loi sur votre quotidien. Dépossession de vos ressources et appauvrissement au rendez-vous !
→ **Dessert :** la perspective redoutée de devoir gérer un nouvel arrêt du tabac, avec toutes les peurs qui y sont associées. Un processus épuisant : ARRÊT DU TABAC = PÉNIBLE !
Ce menu illustre la dure réalité de la rechute. Souvent, ceux qui reprennent la cigarette préfèrent se cacher plutôt que d'admettre leur échec. Ce n'est pas quelque chose dont ils vantent les mérites, car **la honte de cette rechute est une attaque directe à l'estime de soi**.

Ensuite, rappelez-vous qu'une seule cigarette remet en route toutes les autres, vous renvoyant à tous les soucis quotidiens liés au tabac, un fardeau avec des ennuis à gérer et une facture salée. En plus de cela, vous devrez réenclencher un processus d'arrêt derrière tout ça, et cela ne sera pas rapide. Vous attendrez sûrement d'être vraiment mal en étant fumeur pour enfin reprendre la décision d'arrêter. Et là, les mêmes questions reviendront : « Est-ce le bon moment ? Vais-je y arriver ? » Vous connaissez déjà la chanson !

Voici donc votre outil de maîtrise : visualisez le film Menu du Démon en le faisant défiler ! Apprenez à reprogrammer votre cerveau avec l'entrée, le plat, le dessert. Vous pouvez intégrer le hors-d'œuvre si vous avez cette référence du goût désagréable en vous. Plus votre cerveau s'entraînera à avoir cette référence instantanément, plus vous serez capable d'avoir le contrôle total de votre vie.

Cultivez fermement la graine de la certitude : fumer ne sera jamais une solution, cela ne l'a jamais été.
En agissant ainsi, vous programmez une nouvelle réponse automatique dans votre esprit. Je vous assure que c'est ainsi que vous démantèlerez le vieux conditionnement trompeur qui vous fait croire que fumer résout quelque chose. Enfin, vous arriverez à neutraliser cette option obsolète, et non pas juste à la mettre sur pause pendant quelques années !

MENU DU DÉMON

HORS-D'ŒUVRE

Infect

ENTRÉE

Déception - culpabilité

vous allez vous sentir
comme moins que rien

PLAT

Stress du fumeur·se

DESSERT

**Re-gérer un arrêt
du tabac = Pénible**

La clé réside dans l'entraînement de votre cerveau. Ainsi, chaque fois que l'envie de fumer pointe son nez, arrêtez-vous et interrogez-vous : « Est-ce vraiment une solution ? » Puis, laissez défiler le film du Menu du Démon dans son intégralité. Après avoir visualisé l'entrée, le plat et le dessert, demandez-vous une dernière fois : « Est-ce que je prends cette cigarette ou non ? ».
Cette méthode vous permettra de prendre une décision éclairée, en pleine conscience des conséquences, et de choisir la voie qui favorisera réellement votre bien-être.

Anecdote
Laissez-moi vous raconter une petite anecdote personnelle. Pendant la période de la pandémie du Covid-19, alors que j'étais déjà non-fumeuse depuis plus de cinq ans, j'ai reçu une terrible nouvelle au téléphone. Cette annonce m'a frappée de plein fouet, me plongeant dans une confusion et des émotions intenses de colère et de tristesse. Immédiatement, la cigarette

m'est venue à l'esprit avec une force impressionnante. À cet instant, j'avais toutes les excuses pour fumer de nouveau, persuadée que rien ni personne ne pourrait m'en empêcher compte tenu de la situation. Cependant, j'ai retravaillé mon cerveau. J'ai alors pensé : « Si tu prends cette cigarette, qu'arrivera-t-il après ? Cela résoudra-t-il ton problème ? Non, bien sûr que non ! » J'ai compris que même en fumant cette cigarette, le problème resterait présent et devrait être résolu, et que cela n'effacerait pas mes émotions. Je devais les affronter et les vivre de toute façon. Je me suis surtout rendu compte que si je cédais, je m'engageais à revivre le stress du fumeur et à ajouter toutes les complications qui l'accompagnent. Honnêtement, je m'étais suffisamment adonnée à cette mauvaise expérience de fumer. C'était donc stop !
J'espère que cette anecdote vous incitera à réfléchir à l'importance d'éliminer complètement cette cigarette et à le faire avec confiance et détermination. Cette pensée est repartie presque aussi vite qu'elle est venue !

L'ANTICIPATION AVANCÉE : PRÉPARER SON FUTUR NON NÉGOCIABLE

Immédiatement après l'arrêt du tabac, beaucoup de fumeurs anticipent leurs **premiers défis** : les premières sorties sans cigarette, les premiers moments de stress, les premiers événements sociaux. Et cette peur d'anticipation est normale. Elle traduit l'appréhension de faire face à l'inconnu sans sa béquille habituelle. Or vous savez désormais comment gérer ces peurs d'anticipation (p. 151).

Mais se limiter à préparer uniquement les premiers pas est insuffisant.

La véritable préparation, celle qui protège durablement d'une rechute, va bien au-delà. Il s'agit d'examiner votre histoire personnelle et d'identifier quels événements pourraient vous faire rechuter à l'avenir afin de pouvoir les anticiper.

POUR ALLER ENCORE PLUS LOIN : ANTICIPER LES SCÉNARIOS FUTURS

Demandez-vous quelle sera votre réponse si dans le futur vous vivez à nouveau un coup dur, un stress extrême, une grande perte ou même un moment d'exaltation intense...
Vous avez le pouvoir de prendre une décision capitale : **décrétez qu'à l'avenir, et quelles que soient les circonstances, la cigarette ne fera plus jamais partie de votre réponse. Ceci est non négociable.**
Ce choix ne se fait pas sur le moment, il se prépare. Il s'enseigne à votre cerveau avant même que la situation ne survienne.

Anecdote
Lorsque j'ai travaillé sur ma propre liberté, je me suis posé cette question : Quelles seraient les situations qui pourraient encore me faire vaciller ? La réponse est venue très vite : le décès de mes parents.
Je savais que cet événement serait certainement l'une des épreuves émotionnelles les plus lourdes que je pourrais traverser dans ma vie. Alors je n'ai pas attendu qu'elle survienne pour me demander ce que j'allais faire. J'ai décidé et j'ai décrété que même si je devais vivre cette perte immense, il n'y aurait pas de cigarette. J'ai donné cette instruction claire à mon cerveau : quelle que soit l'intensité de la douleur, cette option n'existe plus. Et aujourd'hui, je sais qu'en cas de tempête émotionnelle, mon esprit connaît déjà la réponse, il ne cherchera pas à négocier, il ne doutera pas. Parce que j'ai anticipé, parce que j'ai choisi. C'est ainsi que l'on prépare la liberté durable.

Ne vous contentez pas de gérer les premiers pas de votre arrêt, enseignez plutôt à votre cerveau que même face à l'extraordinaire, même face à l'imprévu, même face à l'inacceptable, la réponse ne sera plus jamais : fumer.

PARTIE IX

VOTRE DERNIÈRE CIGARETTE

43 À VOUS DE JOUER !

OSER LE RISQUE : LA CLÉ DE LA RÉUSSITE

Citons de nouveau le président Franklin Roosevelt : « la seule chose dont nous devons avoir peur est la peur elle-même ! » Quand vous arrêtez de fumer, une bonne partie du combat porte sur l'anticipation de l'arrêt. Quelle est votre plus grande peur à l'idée d'arrêter de fumer ? Est-elle vraiment si terrible ? Vous ne pouvez avoir peur de ce que vous éprouverez que lorsque vous aurez réellement arrêté. L'anticipation peut être plus néfaste que la réalité. Si vous ne réussissez pas à arrêter de fumer, la pire des choses qui puissent vous arriver (et la meilleure également) est de devoir tenter d'arrêter de nouveau !
Arrêter de fumer est un peu comme se lancer dans une aventure audacieuse, mais pas de la manière habituellement imaginée. Le vrai « risque » est simplement celui de réussir à arrêter. Bien sûr, vous ressentez la peur que cela ne fonctionne pas du premier coup, que l'arrêt soit plus ardu que prévu ou que vous finissiez par rechuter. Mais voyez plutôt cela comme un grand jeu d'essais et d'erreurs.

Oser est toujours le premier pas vers la liberté. Oui, arrêter de fumer est un risque. Le risque de sortir de sa zone de confort. Le risque de laisser derrière soi des habitudes familières, même si elles sont destructrices. Mais en réalité, **ce n'est pas un vrai risque, c'est une chance.**
Le seul véritable risque serait de ne jamais essayer ou de rester enfermé dans votre ancien schéma. **Vous n'avez rien à perdre.** Si par hasard, vous trébuchez, si les premiers pas sont moins faciles que prévu, vous pourrez toujours vous relever, réessayer et même relire ce livre si nécessaire. Chaque tentative vous rapproche un peu plus de la réussite définitive.

Le plus grand courage n'est pas de ne jamais douter, c'est d'avancer malgré les doutes. En décidant aujourd'hui de fumer votre dernière cigarette, vous ne prenez pas un risque, **vous saisissez l'opportunité de redevenir maître de votre vie**.

Voyez cette démarche comme le fait de jouer à un jeu vidéo : chaque niveau passé vous rapproche un peu plus du grand final. Chaque fois que vous perdez, vous appuyez sur « rejouer », non parce que vous êtes vaincu, mais parce que chaque essai vous enseigne une nouvelle stratégie pour avancer. Et vous ne recommencez jamais le jeu en partant de zéro ! Arrêter de fumer est identique. Chaque tentative, même infructueuse, est une leçon et non pas un échec. C'est une marche de plus vers une vie sans fumée, plus saine et plus épanouissante.

Pensez à l'arrêt du tabac comme à un jeu dans lequel chaque journée sans cigarette est un niveau réussi, une étape franchie. Chaque essai est une chance de gagner davantage de liberté, de santé, et de renforcer votre confiance en vous. Ce n'est pas vraiment un risque, mais une série de tentatives éclairées pour atteindre un but précieux. Même si vous rechutez, chaque tentative d'arrêt vous apprend quelque chose, vous ne repartez jamais du même point.
Arrêter de fumer ne fait pas mal, bien au contraire ! La douleur est bien trop souvent anticipée et trop souvent surévaluée par rapport à la réalité. Faites-vous confiance, vous avez toutes les ressources en vous.

Alors, êtes-vous excité à l'idée d'écraser cette dernière cigarette ? Êtes-vous convaincu de votre réussite ? Êtes-vous confiant ? Je l'espère sincèrement maintenant !
Toutefois, si le doute s'installe en vous, relisez des passages de ce livre, vous vous devez bien cela !
→ Soyez convaincu de votre acte.
→ Prenez une décision ferme et irrévocable.
→ Ne laissez aucune place au doute.
→ Ne remettez jamais en question votre décision.
→ Vous ne renoncez à rien. Au contraire, vous vous libérez et vous reprenez le contrôle.
→ N'essayez pas d'oublier la cigarette, car y penser est tout à fait normal et vous pourriez même y penser furtivement dans dix ans.

L'objectif est d'y penser en vous sentant en adéquation avec votre choix.

→ Votre liberté est totale, et désormais votre choix est simple : attendre et ne rien changer à vos habitudes ou passer à l'action et écraser cette dernière cigarette !

LE MOMENT DE LA RÉVÉLATION

Penser qu'il existe un moment parfait pour arrêter de fumer revient un peu à attendre une éclipse solaire en plein jour : c'est une illusion ! Il n'y aura jamais de bon ou de mauvais moment pour arrêter. Il n'y a pas non plus de déclic. Il s'agit seulement d'une décision ! Vous pouvez mettre du temps à acter celle-ci, car vous craignez l'inconnu, mais il faut vous donner l'impulsion et le courage de la prendre. Il ne faut pas attendre un signe du destin pour agir. **N'attendez pas un déclic, il ne viendra pas forcément.** Nombreuses sont les femmes qui pensent par exemple qu'elles auront une prise de conscience lorsqu'elles seront enceintes et arrêteront automatiquement la cigarette. Bien évidemment, cela ne se passe pas ainsi la plupart du temps. Elles se retrouvent dans une situation difficile, prisonnières de la cigarette et empreintes de culpabilité à continuer.

« Ferme les yeux. Imagine-toi dans cinq ans si tu continues à fumer. Ressens la douleur dans ta poitrine. Le souffle court. Les regrets. Le regard inquiet de ceux que tu aimes. Sens cette version de toi s'éteindre à petit feu. Ressens-le. Va jusqu'au bout de l'image. Maintenant, dis STOP. Assez. Crie-le si tu veux. Tu refuses ce futur. Tu le détruis. Tu le brûles. »

Toutefois, si vous ressentez l'envie profonde d'arrêter, vous devez alors vous écouter et faire fi de vos peurs. Elles entravent votre choix. Allez-y, fumez votre dernière cigarette, écrasez-la et commencez votre nouvelle vie. Le choix réside en vous !

Le vrai moment est celui par lequel vous vous donnez l'impulsion nécessaire pour commencer votre démarche. **L'impulsion** est l'étape la plus importante ! Une fois votre projet d'arrêt lancé, le reste suivra bien plus facilement !

Mohamed Ali disait que « celui qui n'a pas le courage de prendre des risques n'accomplira rien dans sa vie. »

« Visualise-toi debout, puissant, respirant librement. Ton corps est plus fort. Ton esprit plus clair. Tu rayonnes. Tes proches te regardent avec admiration. Tu es un exemple. Tu es devenu INARRÊTABLE.
C'est cette version de toi que tu choisis aujourd'hui. Et tu l'installes MAINTENANT. »

UN DERNIER SECRET DE CHAMPION : C'EST DÉJÀ FAIT !

Les champions vous le diront : pour atteindre des sommets, il ne suffit pas d'entraîner son corps, il faut aussi préparer son esprit ! La visualisation est une arme redoutable, vous le savez désormais, utilisée par les meilleurs athlètes pour renforcer leur motivation et leur confiance. Teddy Riner, par exemple, s'imagine avec sa médaille d'or avant même le début du combat. Se projeter victorieux, avec la conviction que **« c'est déjà gagné, c'est déjà fait »**, non seulement vous donne une longueur d'avance, mais valide aussi toutes les étapes précédentes de votre parcours. Visualisez votre triomphe et vous serez prêt à transformer cette vision en réalité.
Pour devenir un grand champion, vous devez croire que vous êtes le meilleur, et si ce n'est pas le cas, faites semblant de l'être !
N'oubliez pas d'y inclure vos émotions, c'est le carburant pour atteindre votre objectif. Êtes-vous heureux d'y être parvenu ? Fier d'être sur le podium ? Êtes-vous un non-fumeur assumé ? Oui ? Alors montrez-le ! Vibrez de cette énergie de vie, vous verrez que cette émanation déteindra forcément sur les autres.
À présent, vous avez un choix crucial à faire entre continuer à vivre comme un fumeur ou un non-fumeur contrarié, toujours en lutte contre l'envie et la frustration, ou embrasser pleinement votre nouvelle identité de non-fumeur avec fierté et sérénité.
Tout comme Teddy Riner, qui se voit déjà numéro un sur le podium, votre positionnement est essentiel. Il détermine et influence profondément la qualité de votre expérience dans ce choix et votre décision.

Réveillez le guerrier en vous et choisissez de vivre avec fierté en tant que non-fumeur affirmé ! Ressentez la confiance, la liberté et l'aisance qui découlent de ce nouveau rôle. Lancez-vous, vous êtes à une cigarette de cette nouvelle vie ! Vous avez désormais toutes les clés en main. Vous détenez un pouvoir immense grâce à votre imaginaire. Utilisez-le comme un outil puissant : donnez-lui les bonnes directives, amusez-vous à jouer votre nouveau personnage pour impulser ce changement, incarnez pleinement ce nouveau rôle et cultivez une conviction profonde. Les pensées et envies passagères font partie du voyage ; acceptez-les et accueillez-les avec détachement voire indifférence, car votre choix est pleinement assumé. Alors, montrez-le et affirmez-le ! Vous êtes non-fumeur ! Fier et heureux de l'être de surcroît ! Il est grand temps d'écraser cette dernière cigarette, de libérer votre pouvoir intérieur et de célébrer votre engagement envers une vie plus libre et épanouie. Vous avez le pouvoir de faire de ce moment un véritable triomphe !

LA DERNIÈRE CIGARETTE

Et si nous fumions cette dernière cigarette ensemble ?
Il est temps pour vous de fumer votre dernière cigarette en pleine conscience. Sortez-la de son paquet et allumez-la avec attention. Chaque geste doit être fait lentement et délibérément. Concentrez-vous sur chaque inhalation, sur l'odeur et le goût. Ressentez la fumée toxique pénétrant une dernière fois vos poumons. Dites-lui adieu avec sérénité, en lui exprimant pourquoi pas ces mots : « Merci, mais je n'ai plus besoin de toi à présent. » Fumez-la jusqu'au bout, puis écrasez le mégot. Sentez la libération qui s'ensuit. Vous êtes désormais non-fumeur. L'enjeu dorénavant est de le rester !
Entendez cette petite voix inspirante dans votre tête qui résonne : « C'est fait ! » Oui, c'est fait, et c'est aussi simple que cela ! Félicitations ! Jouez pleinement votre nouveau rôle et incarnez-le !

REMERCIEMENTS

Ce livre n'est pas né d'une simple envie d'écrire. Il est né d'un besoin profond de transmettre, mais il n'aurait jamais vu le jour sans les présences précieuses qui ont jalonné mon parcours. Ce livre est né de rencontres, de chutes, de transformations, de regards fatigués… puis illuminés. À travers ces lignes, je tiens à exprimer ma profonde gratitude à celles et ceux qui m'ont soutenue, inspirée, portée, parfois sans même le savoir.

En premier lieu, je tiens à remercier mes parents pour leur présence fidèle, dans les bons comme dans les mauvais jours. Leur amour, leur patience et leur confiance m'ont accompagnée sur mon chemin, m'offrant la force d'oser, de tomber parfois, puis de me relever et de continuer à avancer.

À ma maman, un exemple de compassion et d'amour, qui incarne avec une force admirable le rôle d'aidante auprès de l'amour de sa vie, mon papa. Ta présence est un pilier, ton courage discret, une source d'inspiration.

À mon papa, qui mène chaque jour un combat courageux, avec une dignité qui force le respect. Ton regard lucide a nourri des échanges profonds et constructifs, et m'a souvent permis de voir plus clair là où tout semblait flou.

Merci à vous deux d'être là. Je vous aime infiniment.

À ma sœur et à mon frère. Vous êtes là, chacun à votre manière, et c'est tout ce qui compte. Par votre présence, votre façon d'être, vous faites partie de cet ancrage précieux sur lequel je peux m'appuyer. De belles pensées également à Mathilde. Merci d'être là, tout simplement, avec sincérité et avec cœur.

Une pensée particulière à ma grand-mère, Marguerite, une grande dame incarnée par la grâce et au cœur immense. Elle n'est plus là physiquement, mais sa présence m'accompagne à chaque instant. Elle reste une alliée précieuse dans chacun de mes pas.

Je tiens à remercier Christelle, celle qui a cru en moi la toute première, à un moment où moi-même j'en étais incapable. Elle a su m'insuffler une confiance discrète, mais décisive, et m'a ouverte à ce qui allait devenir mon futur métier. Ses mots résonnent encore aujourd'hui, près de vingt ans plus tard : « La seule limite dans la vie, ce sont les étoiles. » Tu as été une rencontre précieuse pour moi, de celles qui marquent un avant et un après. Merci à toi.

À Bichon, un ami précieux, présent à des moments clés, toujours là avec bienveillance, générosité et simplicité. La vie nous a éloignés géographiquement, mais ta présence reste forte, importante, ancrée dans mon parcours. Merci pour ton soutien et ton amitié fidèle.

À mes amis qui sont toujours là : Dolo, Lydie et Jéjé, Céline, Angie, Antoine, Jeff, Irina, Fred et Ana, Julia, Olivier, Nadine, Jimmy, Xavier, Rémi, Tata Jo, Roland, Philippine... et bien d'autres ! Vous êtes les champions toutes catégories des coups de boost, des vannes qui tombent à pic et des câlins qui réparent tout. Merci pour votre présence, votre humour, et cette belle dose d'amour que vous semez sur mon chemin.

Et un merci tout particulier à Lucie, pour votre soutien, votre écoute, et le temps que vous m'avez généreusement consacré.

À mon très cher ami SirBlondin, un grand artiste, à l'âme sensible et à l'esprit affûté. Merci pour ton écoute bienveillante, ta lucidité éclairante, et ta fine psychologie, toujours juste, jamais intrusive. Tu as été témoin et soutien de ma transformation, de cette renaissance intérieure que tu as accompagnée avec délicatesse et loyauté. À nos échanges passionnés, intenses, vrais. Ils ont nourri mon esprit, mon cœur, et parfois même ma plume.

À mes enseignants et aux lectures inspirantes qui ont croisé ma route. La transmission de savoirs qui ont marqué mon chemin. Ils ont nourri ma pensée, affiné ma posture, et ouvert des perspectives que je continue d'explorer aujourd'hui.

Une pensée à Amandyne, qui a été là au tout début de l'écriture de ce livre. Ta présence aura été une rencontre importante dans ma vie, une de celles qui laissent une trace. La vie nous a fait vivre de belles aventures. Nos chemins ont pris des directions différentes, parfois inattendues, parfois douloureuses. Mais ta présence a joué un rôle capital dans ma révélation. D'une manière indirecte, grâce à toi, j'ai osé affronter certaines peurs profondément enfouies – celles qui empêchent de grandir tant qu'on les évite. Alors merci. Merci pour ce passage nécessaire. Merci de m'avoir permis, sans le savoir, de prendre mon envol et de m'ouvrir pleinement à la vie. Une part de moi te portera toujours dans mon cœur.

À ma famille d'âme et de cœur qui m'a ouvert ses bras : Anne, Alain, Julien, Thibault et Julie, Samuel, Guillaume, Sébastien, Yannick, Tristan, Sylvain, Laura, Justine, Pierre, Nathalie, Louis, Hervé... et bien d'autres encore. Votre présence m'a enveloppée comme une lumière douce dans les moments où j'en avais besoin. Grâce à vous, j'ai retrouvé un sentiment d'appartenance, de réconfort, d'humanité simple et sincère. Merci d'être là, je vous porte dans mon cœur.

J'en viens à ces rencontres qui bouleversent une vie et ont marqué un tournant dans ma trajectoire. Ma rencontre sacrée avec le peuple Huni Kuin, gardiens de la Terre, porteurs de traditions ancestrales, de chants, de rituels et d'un amour de la vie qui élève l'âme.

À ma sœur de cœur Biruani Siriani, merci pour ta guidance et ta guérison qui ont ouvert en moi des espaces insoupçonnés : une reconnexion à l'essentiel, à la Terre, à mes racines profondes, à mon être véritable. La puissance de tes chants résonne dans chacune de mes cellules. Chaque moment passé auprès de vous m'a transformée. Ce que vous incarnez est un enseignement vivant, précieux, sacré.

Du fond du cœur à tous, MERCI.

Haux Haux

Et si ce n'était que le début ?
Si ce livre vous a permis d'éteindre votre dernière cigarette, je vous félicite du fond du cœur ! Mais surtout, je vous souhaite de vous enraciner dans cette liberté retrouvée.
Et si vous voulez aller plus loin... célébrer cette victoire, l'ancrer en vous ou l'offrir à un proche, je vous invite à vivre une expérience unique : une journée hors du temps pour renforcer et incarner pleinement cette nouvelle version de vous-même !
Ce n'est pas une conférence ni un spectacle, mais une immersion puissante où la force du collectif rencontre la transformation individuelle. Une expérience inoubliable, à vivre pour comprendre.
→ Ce lien pourrait bien tout changer... on se retrouve de l'autre côté :
www.tadernierecigarette.com

Ouvrage publié sous la direction d'Aurélie Starckmann
Direction éditoriale : Caroline Terral
Révision des textes : Nelly Mégret
Couverture : Damien Payet
Mise en page et illustrations : © SKGD-Création

ISBN : 978-2-226-50699-3
N° d'édition : 27964/01
Dépôt légal : novembre 2025
N° d'impression : 107807
Achevé d'imprimer en octobre 2025 par l'Imprimerie Floch